# Viêtnam

## Un modèle de développement pour l'Afrique

Valentin Chuékou
(Van Le Tinh)

# Viêtnam

## Un modèle de développement pour l'Afrique

*VIÊTAFRIQUE*
*CAMVIET*

L'Harmattan

**5-7, rue de l'École-Polytechnique, 75005 Paris**
http://www.editions-harmattan.fr
ISBN : 978-2-343-12920-4
EAN : 9782343129204

«Les Africains ont beaucoup à apprendre du Vietnam et les Africains ont beaucoup de choses à enseigner aux Vietnamiens…».

**Horace CAMPBELL**

# Sommaire

## Remerciements

Mes sincères remerciements à : mes *aimables parents*, ma *famille*, ainsi qu'à *Sophie-Aude Bornuat* sans oublier :

**Mesdames…**
*Nzenang Emilienne*
*Edith Kahbahng Walla (Kah Walla)*
*Jocelyne Fustier*
*Thérèse Ndomouo*
*Georgette Diefi*
*Moko Céline Nadège*
*Camille Roumagnou*
*Marie-Andrée Moukouri*
*Lyriane Yankoua*
*Njongang Hélène*
*Nganso Julienne/Jeanette*
*Geneviève Essomba*

**Messieurs…**
*Yansi Gabriel & Paul Njiendji*
*Professeur Alexandre Viala*
*Emmanuel Ngassa & Joseph Ngueubou*
*Hubert Sidi Nzéakou & Anatole Ketchoya*
*André Kemayou & Aubin Ngnantcho*
*Feus Laurent Ngamo & Kouenkam Jean Le Jeune*
*Brahim Hayat et Serge Madonia*
*Didier Kleber Kouenkam*
*Erwan Jaheny*
*Tchan Quang Cuong*

**Maîtres…**
*Clémence Tchamo Mafetgo et Rachel Lore Ngo Mawo*
*Sylvain Kenko, Vincent Serge Nkenngni Tchiliebou et Zachée Ngounemi*

Et à ceux et celles qui, de près ou de loin, ont contribué, contribuent et contribueront à mon édification.

# Avant-propos

## Pourquoi cet ouvrage ?

« Partir, c'est comparer », écrivit en son temps Paul Morand et c'est bien ce que je compris en quittant le Cameroun, pays d'Afrique centrale, pour me rendre au Vietnam, pays d'Asie du Sud-Est. Y étant, les découvertes et les rencontres que je fis lors de ce voyage allaient changer ma perception de la vie, de l'autre, et me sortir complètement de mon délit d'ignorance qui consistait à juger l'autre qui n'est pas moi sous un prisme négatif et à transformer l'émerveillement de cette lointaine contrée en une vaine digression.

Pendant ce long séjour, la comparaison, que l'on fait en voyage entre un ici que l'on connaît et un là-bas que l'on ignore, m'a vite amené à remarquer les similitudes et similarités que les peuples du Vietnam et du Cameroun en particulier, voire d'Afrique en général, partagent : le climat, les coutumes, le riz, le sens de la famille, les réalités sociales et sans doute le statut commun d'ex-colonisés.

Plus de peur que de mal, les effets dévastateurs du choc culturel, qui me hantaient et dont je redoutais l'amplitude, se sont vite révélés positifs. Le contact entre moi, « noir », et eux, «jaunes », m'a amené peu à peu à découvrir que, sur plusieurs aspects, ces deux peuples pourtant très éloignés, distincts et distants sur plusieurs plans, présentaient néanmoins de nombreuses ressemblances. Si loin, certes, et pourtant très proches. Cette situation m'a naturellement incité à m'intéresser de plus près aux avantages qu'ils pouvaient mutuellement en tirer.

Bien que cet ouvrage s'inscrive dans la démarche « d'études vietnamiennes » qu'est la *vietnamologie*[1], il n'a pas pour autant la prétention d'être une publication anthropologique, historique, et encore moins une production ethnologique. En réalité, cette œuvre est un cahier de mémoires, un carnet de voyage d'un citoyen du monde qui relate ses émerveillements, exprime son ressenti, extériorise ses émotions et se projette en perspective dans un idéal de société dans laquelle il aimerait vivre. Mais quelle folie et prétention d'oser comparer un pays à un contient si divers, pluriel et varié ! Certains esprits avertis seraient tentés de réagir ainsi. En vrai, il s'agit d'examiner les atouts communs à toute l'Afrique et ses nuances au modèle vietnamien.

Autrefois liés et soudés dans la douleur par les circonstances historiques, Vietnamiens et Africains se connaissent très peu aujourd'hui. Comme le confirme Huu Ngoc, « pour le Vietnamien moyen », l'Afrique « est presque une terra incognita, bien lointaine mais si proche parce que les deux se sentent liés..». Effectivement, ces deux peuples ont tellement d'atouts communs qu'ils gagneraient à renforcer et consolider davantage leur coopération diplomatique, économique, militaire et culturelle. Ce carnet de voyage a donc pour objectif, dans un premier temps, de rendre compte de ces points de ressemblances entre le Vietnam et le Cameroun en particulier, voire l'Afrique en général, que j'ai pu observer et vivre, tant la faune, la flore, les gens, les usages, les mœurs, les techniques et les rites me semblaient être du déjà-vu. Et, dans un second temps, d'amener les décideurs politiques, opérateurs économiques, universitaires et acteurs de la société civile à prendre conscience de l'intérêt et de l'avantage qu'ils gagneraient à renforcer et promouvoir la coopération balbutiante qui existe entre les deux bords, constituant un grand ensemble : la *Vietafrique*.

---

[1] *Le Journal en ligne du parti communiste*, URL : http://fr.dangcongsan.vn/sciences-education/la-vietnamologie-devient-une-discipline-internationale-224377.html, (consulté le 22/08/20117).

# Introduction

Le Vietnam, c'est 30 ans de guerre, 30 ans d'histoires héroïques, mais aussi 30 ans d'histoires pathétiques qui se mêlent, s'entremêlent et se démêlent dans la mémoire des peuples aux quatre coins du globe. Le *Viet-Minh*, le *Viet-Cong*, les *Bô-doï*, les *boys*, les *GI's*, les *Tirailleurs*, les *Marines* sont un champ lexical exclusif au Vietnam. 10 ans de guerre contre les forces coloniales françaises d'Indochine (22/09/1945 – 21/07/1954 : c'est la 1ère guerre du Vietnam), 20 ans de guerre contre les forces impérialistes américaines (01/11/1955 – 30/04/1975 : c'est la 2ème guerre du Vietnam).

Grâce à ces guerres, le président Hô Chi Minh et ses compagnons de route Vô Nguyen Giap, Truong Chinh, Pham Van Dong, Le Duan et Le Duc Tho ont inscrit le Vietnam dans le palmarès des plus glorieuses victoires militaires du XXe siècle, « contribuant grandement à modifier la géostratégie de la planète par les revers qu'ils feront successivement subir aux puissances militaires majeures de l'époque[2] », d'abord « le Japon en 1945, ensuite la France à Dien Bien Phu en 1954, enfin les États-Unis d'Amérique vingt ans plus tard, en 1975, à Saigon[3] ». En revanche, ces guerres font partie des plus meurtrières de l'histoire avec des *pertes humaines*[4] cumulées de l'ordre de « 37 000 » soldats pour la France, « 57 000 » pour l'Amérique », et près de « 1,5 million de morts » pour le Vietnam. D'ailleurs, depuis la fin de la guerre en 1975 jusqu'en 2017, « l'explosion de bombes américaines et d'autres munitions a fait plus de 42000 morts et 62000 blessées au Vietnam[5]. »

---

[2] Disponible sur http://www.mondialisation.ca/les-colonies-avant-go-t-du-paradis-ou-arri-re-go-t-d-enfer/18107?print=1 (consulté le 19/07/2016).
[3] Op. cit.
[4] URL : http://www.milkipress.fr/2016-02-05-guerre-du-vietnam---chiffres-massacres-et-temoignages.html (consulté le 22/08/2017).
[5] URL : http://www.francetvinfo.fr/monde/asie/vietnam-six-personnes-meurent-dans-l-explosion-d-une-bombe-americaine-datant-de-la-guerre_2332287.html (consulté le 22/08/2017).

On semble parfois l'oublier, le Vietnam c'est aussi 2000 ans de lutte contre le puissant voisin la Chine avec deux épisodes contemporains majeurs, en 1979 et en 1984, qui aboutiront à une humiliante mise en échec des troupes chinoises au cours de la « bataille du Mont Laoshan » par une simple mais efficace « milice locale d'autodéfense de paysans et montagnards vietnamiens[6] ».

Durant toute ma tendre et heureuse enfance au Cameroun dans les années 80, le vocable « Vietnam » m'a bercé et fasciné alors que je n'étais encore qu'un gamin sans véritable conscience politique et habitais à des milliers de kilomètres de ce pays. Cependant, j'appréhendais tout de même que la géostratégie mondiale s'y joua. Et pour cause, tous les regroupements dans mon environnement immédiat, qu'ils soient familiaux, éducatifs ou confessionnels, avaient presque toujours, au centre de leur débat, un sujet consacré au Vietnam, plus précisément aux guerres du Vietnam. La passion des débats et le poids des arguments traduisaient l'impact que ces guerres ont eu sur l'émancipation des peuples colonisés.

Peu à peu, dans mon processus de construction citoyenne et politique, plusieurs facteurs conjugués m'ont permis de progressivement, mais résolument, mieux comprendre les enjeux de ces guerres et de fonder définitivement ma religion. A l'école, les chapitres de mes leçons d' « histoire-géographie » portant sur « les guerres de décolonisations et le droit des peuples à l'auto-détermination » ; à la maison, la lecture des journaux et magazines d'analyses politiques tels *Jeune Afrique*, *Afrique-Asie*, *Le Monde Diplomatique*, et la découverte des films de propagande made in USA à l'instar de *Platoon*, *Apocalypse now*, *Rambo*... ainsi que la participation aux débats animés avec des aînés sont autant de sources d'informations qui

[6] Le Vietnam dans l'histoire des Relations internationales depuis 1975.

ont fondé ma connaissance du Vietnam et des différents conflits qu'il a connus.

Comment connaître l'histoire des conflits du Vietnam et rester indifférent à l'égard des hommes et femmes héroïques qui ont contribué aux différentes victoires ?

Bien entendu, au Cameroun, l'histoire et le parcours des célèbres militants de l'UPC (Union des populations du Cameroun – principal parti politique nationaliste et indépendantiste), véritables héros de la nation tels *Ruben Um Nyobè*, *Félix Moumié*, *Ernest Ouandié*, *Njayep Marcel*, chantres de la lutte pour l'indépendance et l'accès sans condition à l'indépendance totale du Cameroun, m'étaient familiers et n'avaient plus aucun secret pour moi. En revanche, les noms des héros vietnamiens tels *Hô Chi Minh*, le *général Nguyen Van Giap* et *Le Duan* étaient tout un mystère pour moi. Le désir d'en savoir davantage sur eux, de comprendre le moteur de leur patriotisme et de découvrir les hauts lieux de batailles héroïques grandissait en moi.

Mais, venant d'un milieu social modeste, mon rêve n'avait aucune chance de me transporter de mon Cameroun natal vers ce pays du bout du monde qu'est le Vietnam. Toutefois, il me restait une alternative: les études. Pour moi, c'était, et cela reste encore, le levier idoine d'ascension sociale pouvant contribuer à faire d'un rêve une réalité. Tant bien que mal, avec quelques échecs, mais aussi beaucoup de succès conjugués au support déterminant de mes parents, membres de ma famille et quelques âmes de bonne volonté, je fis un parcours académique plutôt honorable. Finalement, mon vœu entendit un écho favorable, grâce à l'Organisation internationale de la francophonie (OIF) par l'intermédiaire de son programme de « Volontariat international » magistralement porté par *Monique Vilayphonh*.

C'est à cette occasion que je fus choisi après une rude sélection parmi *3600 candidatures internationales* pour être affecté au bureau Asie-pacifique de l'OIF, notamment à la Maison du droit vietnamo-française comme chargé de mission juridique. C'est grâce à cette mission que j'eus l'opportunité de réaliser mes rêves : Visiter le Vietnam, y vivre et y travailler. Par la suite, j'eus un coup de foudre pour le Vietnam et son histoire. Ses habitants, ses paysages, sa gastronomie ont fait jaillir en moi une révélation, une vision sur le concept du vietafricanisme dont je partagerai avec vous les tenants et les aboutissants. Cet ouvrage me servira de prétexte pour évoquer et exalter les liens séculaires et contemporains qui lient le Vietnam et l'Afrique, tant sur le socle de la Francophonie que sur les plans diplomatique, politique, économique et socioculturel. Le Vietnam est un extraordinaire laboratoire d'idées à ciel ouvert, qui offre des alternatives au continent africain en quête de solutions émergentes pour son essor telles que celles préconisées par les objectifs affichés dans *L'Agenda 2063 : L'Afrique que nous voulons*. Document-cadre de l'Union africaine (UA) qui reflète la vision de l'Afrique et fait la prospective de cette dernière sur les *50 prochaines années*.

En effet, pour le développement de l'Afrique d'ici à 2063, l'UA est intéressée par « les enseignements tirés des expériences de développement dans le monde, tels que les avancées significatives enregistrées par les pays du Sud pour sortir d'importantes couches de leurs populations de la pauvreté, améliorer les revenus et catalyser la transformation économique et sociale[7]. » Or, il n'y a pas meilleure expérience de développement de pays du Sud que celle du Vietnam.

D'où la nécessité de promouvoir la densification des relations vietnamo-africaines, afin que le miracle de réussite et de développement du Vietnam serve de modèle à l'Afrique.

---

[7] *Agenda 2063 : L'Afrique que nous voulons*, Document-cadre de l'Union africaine, 2015, p. 22.

# Le vietafricanisme

« La coopération entre le Vietnam et l'Afrique est porteuse de beaucoup de fruits et augure des lendemains meilleurs pour l'amélioration des conditions de développement de l'Afrique ».

**Valentin** **CHUEKOU**, vietafricaniste.

## Quel est le concept du vietafricanisme ?

Le vietafricanisme est un concept polysémique. Tout d'abord, c'est la fierté de se reconnaître dans l'histoire et les valeurs culturelles et socio-économiques communes aux peuples vietnamien et africain, suivie d'un processus d'intégration desdites valeurs, en respectant toutes les similitudes et en cherchant à comprendre les différences.

Le vietafricanisme est un *Think-Tank*, un laboratoire d'idées et une réserve d'experts et d'acteurs vietafricains motivés, aux profils et compétences variés, capables de produire et d'élaborer des propositions relatives aux questions de développement et de stratégies économiques entre le Vietnam et l'Afrique.

Le vietafricanisme c'est la rencontre entre la *vietnamologie* et l'*africanisme*. Mais c'est, surtout, l'analyse et l'étude du Vietnam d'un point de vue purement et exclusivement africain. En résumé, c'est de la *vietnamologie africaine*.

Certes, le vietafricanisme est conscient du fait qu'aucun modèle de développement, fût-il révolutionnaire, ne peut être dupliqué in extenso à toutes les situations. En revanche, le vietafricanisme est convaincu que le modèle vietnamien reflète des atouts, des caractéristiques et des spécificités susceptibles d'intéresser l'Union africaine qui a explicitement exprimé sa volonté de s'inspirer des enseignements tirés des expériences de développement des pays du Sud dans le monde.

*L'Agenda 2063*, document-cadre de l'Union africaine qui fixe la vision stratégique de *l'Afrique que nous voulons en 2063*, est également l'une des matrices nourricières des fondements du vietafricanisme.

## Les fondements du vietafricanisme

Le vietafricanisme est une savante fusion entre le « panafricanisme » et l'« afro-asiatisme ». Il s'inscrit dans la continuité logique du « groupe afro-asiatique » qui s'est réuni à la Conférence (des nations afro-asiatiques) de Bandung du 18 au 24 avril 1955 et qui a permis à ses membres d'atteindre largement leurs objectifs qui étaient : « l'accélération de la décolonisation » et le « développement de l'aide[8] » Sud-Sud.

Le vietafricanisme embrasse la vision sociale et culturelle du panafricanisme et non celle du politique. Parti de ce postulat, contrairement au panafricanisme qui vise à unifier les Africains du continent et de la *diaspora afro* en une communauté africaine globale, le vietafricanisme, quant à lui, vise à encourager et à promouvoir la pratique de la solidarité entre les Africains et les Vietnamiens où qu'ils soient dans le monde.

Le contexte politique et socio-économique de 1955 ayant évolué et n'étant plus celui de l'époque actuelle, il est donc normal et logique qu'une déclinaison du groupe afro-asiatique et du panafricanisme se mue, en fonction des objectifs, intérêts et enjeux multilatéraux contemporains, en vietafricanisme.

Enfin, le vietafricanisme se veut être une branche autonome des *études vietnamologiques* qui étudie les rapports entre l'Afrique et le Vietnam et inversement. C'est le pont qui relie l'Afrique au Vietnam et le Vietnam à l'Afrique *(Bridge Vietafrica)*. C'est la courroie de transmission des technologies, des valeurs et des richesses entre les pays de cet ensemble inclusif.

---

[8] Samaan Boutros FARAJALLAH - *Le groupe afro-asiatique dans le cadre des Nations unies*. (Université de Genève, Institut universitaire de hautes études internationales. Thèse. Science politique. 1963), Gerbet Pierre, p.1200.

# Les précurseurs du vietafricanisme

## Les précurseurs historiques

Les premiers jalons du vietafricanisme ont été posés par les leaders historiques des luttes de libération et de décolonisation. Débout contre le colonialisme, toutes les actions qu'ils ont menées en leur temps sont en phase avec les objectifs que prône le vietafricanisme. Sans être exhaustif, ce sont : *Hô Chi Minh, Patrice Lumumba, Lamine Senghor, Nguyen Thinh Binh, Amilcar Cabral, Kwame Nkrumah, Nelson Mandela, Samora Machel, Sékou Touré, Lê Duan, Ruben Um Nyobé, Henri Hogbé Nlend, Myriam Makéba, Ahmed Ben Bella, Houari Boumédiene, Ernest Ouandjié….*

Ces leaders ont entrepris un fastidieux travail d'éveil et d'émancipation des consciences qui a conduit le peuple à se soulever et à accéder à son indépendance. Des indépendances à nos jours, de nouvelles générations de Vietafricains continuent d'enraciner les valeurs du vietafricanisme dans leurs domaines d'activités respectifs.

## Les précurseurs contemporains

Le contingent de Vietafricains de la nouvelle génération est constitué d'experts, d'universitaires, d'opérateurs économiques, d'artistes, de sportifs, de professionnels de tous ordres dont l'exercice des fonctions respectives permet d'ériger le pont d'Ariane entre le Vietnam et l'Afrique. Dans les lignes ci-dessous, il sera exposé le portrait non exhaustif de quelques personnalités qui, par leurs activités et actes, se sont inscrites dans la mouvance du vietafricanisme.

*Horace Campbell* : C'est le plus emblématique de cette cohorte. Professeur d'études afro-américaines et de science politique à l'Université de Syracuse, il est également titulaire de la chaire Kwame Nkrumah à l'institut des études africaines de l'université du Ghana. Il est l'auteur de plusieurs publications de référence. Son discours *Africa and Vietnam in a Changed World Economy: Building Relations for the Transformation in the 21st Century* délivré à Lagos le 06 janvier 2011 au 3ème forum annuel de la chambre de commerce Vietnam-Nigéria et son article *Vietnam-Africa : Beyond 'development' and 'modernisation'* tracent les grandes lignes du vietafricanisme.

*Musbaba :* artiste musicien, compositeur, percussionniste et concertiste originaire du Mali, il est installé à Hanoï avec sa troupe depuis plusieurs années. Bien qu'il joue aussi avec des instruments modernes, il est spécialisé dans les instruments traditionnels ouest-africains tels le « xylophone en bambou, le balafon (tambour long et oblong), le *djourou kélen ni* (guitare monocorde), le *sogolo* (une sorte de tam-tam), le *bô flé* (flûte traversière des Peulhs[9] ) ». Depuis 2012, il est à l'initiative du projet « Mali-Vietnam Project » qui consiste *à* « faire jouer le dan tranh (cithare vietnamienne) avec des instruments traditionnels maliens[10] ». Le résultat est exceptionnel !

*Dr. Roland Amoussou-Guenou* : Béninois d'origine et avocat spécialisé en droit international, inscrit au barreau de Paris. Il est entre autres chargé de cours associé à l'Institut de technologie d'Asie, basé en Thaïlande[11] . Co-fondateur et président de la « Asiafrica Fondation[12] » créée en 2009 pour promouvoir la coopération dans l'enseignement supérieur entre l'Asie et l'Afrique. Il a multiplié à ce titre de nombreux projets

---

9 http://www.huefestival.com/index.php?cat_id=582&id=3126#.VpPlGBXhCM8 (vu le 20/06/2016).

10 http://vovworld.vn/fr-CH/Magazine-Dimanche/Musbaba-et-le-projet-MaliVietnam-Fusion/231985.vov (consulté le 20/06/2016).

11 http://extension.ait.ac.th/page/dr-roland-amoussou-guenou (vu le 02/03/2015).

12 http://www.asiafrica.org/about/ (consulté le 02/03/2015).

de rapprochement juridique et/ou institutionnel entre le Vietnam et de nombreux pays d'Afrique de l'Ouest.

*Baba Ahmadou Danpullo :* homme d'affaires camerounais. Dans son édition de novembre 2015, le magazine américain Forbes le classait comme « l'homme le plus riche en Afrique francophone » avec une fortune évaluée à environ « 547 milliards de franc CFA ». Toutefois, ce que l'on retiendra de lui comme acteur majeur du vietafricanisme, c'est d'avoir œuvré pour la sélection de la compagnie de téléphonie vietnamienne *Viettel* comme 3ème opérateur de téléphonie mobile au Cameroun, désormais dénommée *Nextel mobile*, dont il contrôle 30% des parts. Avant ce succès de *Viettel* au Cameroun, il fut l'un des premiers opérateurs économiques africains à commercer avec le Vietnam. Très tôt, il avait déjà compris l'enjeu de cette coopération.

*Do Duc Thanh :* diplômé de l'université Jean Moulin Lyon 3, il fut directeur adjoint du centre de formation aux métiers de la diplomatie et responsable local du projet *master 2 Francophonie et mondialisation* à *l'académie diplomatique du Vietnam*. A ce titre, il œuvra pour le rapprochement interculturel du Vietnam et de l'Afrique. Plusieurs intervenants au master 2 dont il a la charge sont des professeurs africains.

*Hoang Duc Nhuan :* haut-fonctionnaire vietnamien, il a la charge depuis plusieurs années de présider à la destinée du département « Afrique, Asie de l'Ouest et Asie du Sud » du ministère vietnamien de l'Industrie et du Commerce. Il a œuvré pour la tenue de plusieurs fora Sud-Sud entre le Vietnam et l'Afrique.

*Hong Khanh Dang :* doctorante de l'école doctorale histoire, géographie, aménagement, urbanisme, archéologie, sciences politiques, sociologie, anthropologie de l'université de Lyon. Sous la direction de Jean-Paul Joubert et de Van Quang Duong, Le titre de sa thèse est assez évocateur pour le vietafricanisme : « La Francophonie et la coopération Vietnam – Afrique ».

*Pr. Jean-Louis Atangana Amougou :* agrégé des facultés de droit, il a occupé plusieurs fonctions parmi lesquelles directeur adjoint de l'Institut des relations internationales du Cameroun, directeur du Centre d'études et de recherche en droit international et communautaire, membre de la commission mixte Cameroun-Nigéria pour la mise en œuvre de l'arrêt de la Cour internationale de justice (CIJ) du 10 octobre 2002 et aujourd'hui directeur de cabinet de l'Organisation internationale de la francophonie (OIF). C'est en tant que professeur invité au *master 2 Francophonie et mondialisation* à *l'académie diplomatique du Vietnam* que nous fîmes connaissance.

Enfin, de manière non exhaustive et non des moindres : le *Pr. Alain Kenmogne*, agrégé des facultés de droit, Université de Yaoundé 2, (Cameroun) ; le *Pr. Van Dai DO*, de l'université de droit de Hô-Chi-Minh-Ville (Vietnam); Mlle *Elodie Bamowongo*, Congolaise et ancienne Volontaire internationale de la Francophonie (VIF), chargée de projet en communication pour la promotion du français à l'Agence universitaire de la Francophonie (AUF) de Hanoï ; Mlle *Liriane Yankoua,* Camerounaise, experte en gestion des ressources humaines et ancienne VIF en poste au centre régional francophone en Asie-Pacifique à Hô-Chi-Minh ville et M. *Illily Ag Elmehdi*, Malien et ex VIF au poste d'animateur en technologie d'information et de communication à la Maison des savoirs de Hué (Vietnam). Pour clore la liste, la Dr *Stéphane-Laure Caubet*, Franco-Camerounaise, ayant résidé au Vietnam pendant plusieurs années et fondatrice du cabinet de consulting *8S2 BUSINESS,* son expertise avérée en stratégie et formation couvre les continents asiatique, africain et européen.

## Les objectifs du vietafricanisme

Les bases du vietafricanisme ainsi posées, ses objectifs déclarés sont:

### Communément à l'ensemble :

- Promouvoir les études et la recherche *vietnamologiques* ;
- Editer et diffuser des ouvrages d'études culturelles, économiques, historiques et philosophiques sur le Vietnam d'un point de vue africain et inversement ;
- Susciter et garantir la solidarité, l'entente et la coopération entre le Vietnam et l'Afrique;
- Protéger les intérêts des membres;
- Favoriser les échanges socioculturels, académiques, sportifs et économiques, entre l'Afrique et le Vietnam ;
- Créer et mettre en relation des organisations poursuivant les mêmes objectifs ;
- Accueillir et faciliter la réinsertion des citoyens de retour de l'une des deux entités ;
- Participer aux actions visant à l'amélioration de l'éducation, de la santé, des conditions de vie des populations urbaines et rurales et à la lutte contre la pauvreté ;
- Promouvoir et consolider les relations diplomatiques.

### Pour le Vietnam

- Promouvoir, réaliser et suivre des projets de développement durables en Afrique;
- Accueillir, faciliter l'installation et assurer la protection des citoyens africains vivant au Vietnam ainsi que de leurs intérêts.

## Pour l'Afrique

- Accueillir, faciliter et accompagner l'installation des citoyens et opérateurs économiques vietnamiens ;
- Promouvoir l'épanouissement socio-économique des citoyens vietnamiens;
- Œuvrer au positionnement du Vietnam comme le meilleur partenaire économique d'Afrique.

Le maillon central du vietafricanisme est et demeure l'*Homme* : « le Vietafricain ». Le/la Vietafricain.e est un.e citoyen.ne transnational.e ambitieux.se et travailleur.leuse, ayant à cœur de faire triompher et d'exalter les relations entre les deux ensembles.

Pour désigner un citoyen de l'espace vietafricain, l'appellation « Vietafricain » peut se décliner autrement dans différents pays et se former avec le préfixe invariable « Viet » auquel on ajoute, selon les cas, le suffixe ou le nom entier du pays spécifique dont il a la nationalité. Ainsi, au Cameroun, on parlera de *Vietmerounais*, en Côte d'Ivoire, de *Vietivoirien,* en Zambie, de *Vietzambien,* au Zimbabwe, de *Vietbabwéen*, au Vietnam de *Vietafricain*, au Nigéria de *Vietnigérian*, au Niger de *Vietnigérien* et ainsi de suite. L'objectif final étant d'obtenir par euphonie une sonorité cohérente et agréable. Le Vietafricain ainsi désigné s'engage à respecter la souveraineté, les lois, coutumes, usages et pratiques des deux entités. Il doit se sentir chez lui quel que soit le territoire vietafricain sur lequel il se trouve.

Le vietafricanisme n'est pas un gadget impérialiste de plus. Il se distingue et se démarque clairement de la *Françafrique* et de la *Chinafrique* auxquelles il semble a priori s'apparenter.

## Différenciation entre vietafricanisme et Françafrique

Si elle est encore à définir, la *Françafrique* est l'ensemble des relations complexes qui lient sur les plans personnel, économique, diplomatique, politique, militaire et culturel, la France et l'Afrique, notamment ses anciennes colonies en Afrique subsaharienne. C'est une relation néocoloniale et paternaliste mise en place par Jacques Focart, à la demande du général De Gaulle avec la bénédiction des chefs d'Etats africains.

Le vietafricanisme n'est pas la *Françafrique*, en ce sens qu'il ne s'agit pas d'une action ou une relation néocoloniale. Il ne s'agit pas non plus d'un réseau d'influence ou d'ingérence quelconque. Les rapports de la *Françafrique* sont verticaux. Au-dessus, le colon d'hier, la France. En dessous, les colonisés de jadis, l'Afrique. A l'opposé, les relations du vietafricanisme sont horizontales. D'un côté, l'Afrique et, de l'autre, le Vietnam. D'ailleurs, presque tous les pays vietafricains sont des ex-colonies de la France, qui ne sauraient s'enchaîner entre eux. La *Françafrique*, ce sont par excellence les pays francophones d'Afrique et la France, alors que le vietafricanisme, ce sont les pays francophones, anglophones, lusophones et arabophones de l'Afrique, d'une part, et le Vietnam, d'autre part.

Même si le vietafricanisme ne marginalise pas les problèmes politiques de son ensemble *Vietafrique*, la politique n'est pas son principal centre d'intérêt. Par contre, les activités économiques, culturelles, diplomatiques, sportives, philosophiques et commerciales restent ses axes stratégiques et son principal moteur et peuvent faire l'objet de politiques sectorielles. Alors que la *Françafrique* est un espace exclusif, le vietafricanisme est un ensemble inclusif. Pour finir, le vietafricanisme ne promeut pas une diplomatie occulte, officieuse et obscure panachée de scandales.

## Différenciation entre vietafricanisme et Chinafrique

D'autre part, même s'il y ressemble de par *la situation géographique des acteurs*, le vietafricanisme n'est pas la Chinafrique. Il s'y oppose même et entend se positionner comme une alternative pour remédier aux « dérives de la Chine en Afrique » telles que brillamment décrites par le gouverneur de la Banque centrale du Nigeria, *Lamido Sanusi,* dans sa tribune intitulée *Africa must get real about Chinese ties*[13], publiée le lundi 11 mars 2013 dans les colonnes du *Financial Times*. Il y attirait l'attention de l'opinion africaine et mondiale sur :

*L'impérialisme de la Chine en Afrique :* D'après lui, la Chine mène des « politiques prédatrices » en Afrique. Même si M. « Shen Danyang, porte-parole du ministère chinois du Commerce » s'en défend et conseille aux pourfendeurs de la Chinafrique d'« étudier l'histoire du colonialisme », il n'en demeure pas moins que l'approche et les méthodes de la Chine se rapprochent de celles des anciennes puissances coloniales.

*La structure déséquilibrée des échanges commerciaux entre la Chine et l'Afrique :* « La Chine s'empare de nos matières premières à un vil prix et nous vend des biens manufacturés de qualités inférieures », ce qui contribue significativement à la désindustrialisation et au sous-développement de l'Afrique.

*L'export excédentaire de la main-d'œuvre chinoise en Afrique et l'exploitation de la main-d'œuvre locale :* Les entreprises chinoises ne feraient pas appel à la main-d'œuvre locale et parfois pour des catégories inférieures et des fonctions bon marché en Afrique ne demandant pas une qualification

---

[13] « L'Afrique doit s'interroger sur la coopération chinoise » (traduction de l'auteur).

particulière. Une stratégie permettant à la Chine de trouver du travail à une partie de sa population. Quand bien même elle emploie une main-d'œuvre locale, elle est exploitée, maltraitée et sans équipements de protection individuelle sur des chantiers.

*L'accaparement des terres de l'Afrique par la Chine :* D'après l'ICTSD (International Centre for Trade and Sustainable Development), avec ses 1,3 milliard d'habitants, la Chine abrite les 20% de la population mondiale, mais elle ne dispose que de 8% des surfaces agricoles mondiales et seulement de 6% des réserves annuelles en eau douce. Or, elle doit nourrir sa population, d'où l'appropriation des terres en Afrique, souvent sous de vives tensions avec les populations autochtones comme ce fut le cas au Bénin. Selon *Land Matrix*, la base de données du réseau *International Land Coalition* (ILC), en Afrique subsaharienne, la Chine, en 2013, avait une acquisition foncière de « 0,16 million d'hectares ».

*L'espionnage* : De nombreux Africains étaient frappés d'une stupéfaction extrême de découvrir dans une *enquête*[14] publiée dans le journal *Le Monde* du 26/01/2018, que le siège de l'Union Africaine « don de la Chine aux amis de l'Afrique » était « espionné par les Chinois » depuis janvier 2012. En effet, « entièrement construit et équipé par les Chinois, les systèmes informatiques ont été livrés clé en main ». Il se pourrait donc que « les ingénieurs chinois aient volontairement laissé deux failles » dans le système informatique à partir desquelles ils avaient « un accès discret à l'intégralité des échanges et des productions internes de l'organisation ». Des contenus sensibles auraient ainsi été extraits par la partie chinoise au nez et à la barbe des autorités africaines. Ces derniers n'étant pas toujours suffisamment sensibilisés sur les questions de cybersécurité.

---

[14] Joan TILOUINE et Ghalia KADIRI, *A Addis-Abeba, le siège de l'Union africaine espionné par Pékin* in *Le Monde* [en ligne] du 26/01/2018, https://www.lemonde.fr/afrique/article/2018/01/26/a-addis-abeba-le-siege-de-l-union-africaine-espionne-par-les-chinois_5247521_3212.html (vu le 01/03/18).

En revanche, comme c'est le cas dans ce genre d'affaire, l'ambassadeur de Chine à l'UA Kuang Weillin est monté au créneau pour formellement démentir cette révélation et qualifier « d'absurdité » l'*enquête* du Journal *Le Monde*. Depuis lors, l'UA a non seulement sensibilisé son personnel et ses membres, mais elle a aussi « acquis ses propres serveurs et a décliné l'offre de la Chine qui se proposait de les configurer. ».

Et Serge Michel, Michel Beuret et Paolo Woods, auteurs de *La Chinafrique,* d'ajouter à la longue liste des chapelets de griefs :

*L'« arrogance » et la « corruption » :* Ces trois auteurs sus-cités ont mené des enquêtes dans 17 pays d'Afrique, de l'Algérie à l'Afrique du Sud. Pour eux, la Chine paye les matières premières en « cash » officiellement et surtout « en dessous-de-table », faisant ainsi le bonheur des hommes d'affaires chinois et des hommes politiques africains au détriment des populations africaines qui ne sont que des clients prolétaires à exploiter.

Pour reprendre Lamido Sanussi, « La romance entre la Chine et nous [l'Afrique], c'est fini » et « il est temps pour nous d'ôter les lunettes teintées de rose à travers lesquelles nous voyons la Chine. »

Il va de ce constat lucide et éclairé que l'Afrique a besoin d'autres partenaires Sud-Sud que la Chine, qui seront respectueux envers elle. Parmi ces associés new look, le Vietnam vient en pôle position. Il revient au vietafricanisme de porter haut cet idéal et de traduire en fait ce besoin de nouveau partenariat Sud-Sud aux retombées *Win-Win*.

Que l'on soit clair une fois pour toutes, les relations entre les peuples, les nations et les pays sont un jeu d'intérêts et le vietafricanisme n'a point le besoin, ni la prétention de verser dans un angélisme béat et naïf.

Fort des expériences cauchemardesques de la F*rançafrique* et de la *Chinafrique*, le vietafricanisme se doit d'en tirer des leçons pour améliorer sa projection dans son ensemble inclusif qu'est la Vietafrique.

Le défi majeur du vietafricanisme est donc double : D'une part, établir une véritable et large coopération gagnant-gagnant basée sur la transparence et le respect mutuel ; d'autre part, le primat de l'intérêt général des nations sur l'intérêt d'un seul des États, notamment le géant vietnamien.

Le vietafricanisme est convaincu que le Vietnam est un modèle à suivre ou du moins dont il faut s'inspirer pour le développement socio-économique et la réduction de la pauvreté en Afrique.

## Perspectives et enjeux du vietafricanisme

Pendant la période coloniale, les pays de l'ensemble vietafricain étaient presque tous des pays du *tiers-monde* en carence de développement avec des ressources naturelles considérables dans leurs sols et leurs sous-sols.

Dans les années 1990, le Vietnam et 34 autres pays africains étaient éligibles à « l'initiative PPTE » (Pays pauvres et très endettés) initiée par les bailleurs de fonds (Banque mondiale et le FMI). Lequel programme reste, pour certains économistes, l'une des « plus grosses illusions et arnaques financières de ce dernier siècle ». Malgré ces contingences, le Vietnam, grâce à des politiques de compétitivité, des réformes économiques et des stratégies de développement pragmatiques, visionnaires et émergentes menées par ses leaders, s'est peu à peu hissé, au même titre que la Thaïlande, la Malaisie, l'Indonésie, et les Philippines, au rang des « Nouveaux pays exportateurs » encore appelés les « Tigres asiatiques ». En seulement près de 30 ans, le Vietnam, qui faisait partie des pays les plus pauvres et très endettés au monde, au même rang que de nombreux pays africains, s'est classé au niveau honorable de la tranche inférieure des pays à revenu intermédiaire.

Une trentaine d'années après des guerres meurtrières, destructrices et dévastatrices, le Vietnam d'aujourd'hui c'est le deuxième taux de croissance en Asie après la Chine, ce sont des universités ouvertes sur le monde, un système éducatif performant (17e/65 en 2012 au classement PISA[15]), des centres de recherches productifs, un réseau routier, aérien, maritime et ferroviaire dense, mais c'est aussi l'un des 25 pays au monde à

[15] Program for International Student Assessment en français : Programme international pour le suivi des acquis des élèves est un ensemble d'études menées tous les 3 ans par l'OCDE pour mesurer les performances du système éducatif au sein des pays développés.

avoir un satellite d'observation de la Terre dans l'espace en plus des satellites de communications *Vinasat-1* et *Vinasat-2*. Ce sont surtout cinq sous-marins de guerre respectivement baptisés *HQ-182 Hanoï ; HQ-183 Hô-Chi-Minh-Ville* ; *HQ-184 Hai Phong ; HQ-185 Khanh Hoà* et *HQ-186 Dà Nang*. La liste des attributs indicatifs du progrès économique du Vietnam est loin d'être exhaustive.

Les pays africains, quant à eux, n'ont pas eu le même destin économique que le Vietnam. Cinquante ans après les indépendances, ils sont encore à la recherche de leur « émergence ». Une émergence qu'ils semblent s'être presque tous fixée à l'horizon « 2025 » pour les uns et «2035 » pour les autres. A mi-parcours d'évaluation, rien ne montre que cet objectif ambitieux et « visionnaire » sera atteint. Pour exemple, le système éducatif sur lequel repose la formation des « élites » de demain et, par ricochet, le développement futur de l'Afrique sont flageolants. Le premier et dernier pays africain du classement PISA de 2012 est la Tunisie, classée 59e/65.

Dans leur immense majorité, les pays africains dépendent essentiellement des aides au développement – *le plus souvent détournées par les « élites »* – et sont classés pour la plupart « pays en voie de développement » par la Banque mondiale. Expression enjolivée pour ne pas dire « pays pauvres », ce qui serait « stigmatisant, humiliant et dégradant ».

En outre, lors d'un point de presse organisé par l'Onu le 24 juillet 2015 à Hanoï, il était officiellement annoncé que le Vietnam avait « atteint avant l'échéance cinq des huit Objectifs du millénaire pour le développement » (OMD) qui sont : la lutte contre la pauvreté, la vulgarisation de l'enseignement primaire, la promotion de l'égalité des sexes et l'autonomisation des femmes, la réduction de la mortalité infantile et post-infantile et l'amélioration de la santé maternelle.

A l'opposé, dans le rapport annuel 2015 conjoint Commission économique des Nations unies pour l'Afrique

(CENUA) - Union africaine (UA) - Banque africaine de développement (BAD) - Programme des Nations unies pour le développement (PNUD) sous le titre *Évaluation des progrès vers la réalisation des objectifs du Millénaire pour le développement en Afrique*, il ressort que, bien que « l'Afrique ait réussi à accélérer le rythme de ses avancées vers l'atteinte des OMD en dépit de conditions initiales considérées comme les plus désavantageuses par rapport à celles de l'ensemble des régions de la planète », elle en « est encore [très] éloignée », comparée aux autres régions du monde et, dans une moindre mesure, au Vietnam.

C'est cette dichotomie, cette disparité profonde d'un bout à l'autre de l'ensemble qui donne tout son sens à « l'étant » du vietafricanisme et fonde ses questionnements : comment des pays du « Mouvement des non-alignés », autrefois au même niveau de développement peuvent-ils aujourd'hui être différemment développés ?

Le vietafricanisme se veut donc être une plate-forme d'échanges d'expériences et de bons procédés, un laboratoire d'idées, de concepts et de stratégies et un cercle de réflexion où l'Afrique pourra sans complexe demander au Vietnam « comment avez-vous fait pour vous en sortir ? Quel est le secret de vos réformes *potions miracles* pour évoluer de pays très pauvre à pays à revenu intermédiaire ? » Et, inversement, au Vietnam de demander aux Africains « à quel niveau de développement êtes-vous ? Quelles sont vos attentes ? Dans quels secteurs ? Comment pouvons-nous mutualiser nos ressources et compétences ? »

Il n'est pas superflu de révéler que, selon les prévisions 2015 de la Banque mondiale, le Vietnam et l'Afrique représenteront un ensemble de 1 244 794274 d'habitants soit « 1 154 721 274 » d'habitants pour l'Afrique et « 90 073 000 » d'habitants pour le Vietnam. Ce qui représente sur le plan économique un très fort potentiel de consommateurs.

Nous sommes donc amenés à nous associer à Horace Campbell pour faire comprendre que « la coopération entre le Vietnam et l'Afrique pour la transformation du XXI^ème siècle doit être une quête accélérée[16] ». Prédiction qu'il posait dans sa communication lors du 3^ème forum annuel des chambres de commerce Nigéria-Vietnam. Par ses articles, publications et discours ainsi que son intérêt pour le Vietnam, le Dr Horace Campbell, au fil du temps s'est érigé comme l'un des précurseurs du vietafricanisme.

En effet, suite à un voyage au Vietnam dans le cadre du deuxième forum international dénommé « Vietnam-Afrique : coopération pour un développement durable » qui se tint à Hanoï du 17 au 19 août 2010, Horace Campbell publiera une série de textes. L'un des premiers articles intitulé : *Vietnam-Africa : Beyond 'development' and 'modernisation'*[17], interviendra le 8 septembre 2010 et sera publié à la fois sur son site internet *http://www.horacecampbell.net* et sur le site panafricain *http://www.pambazuka.org*. Ce texte sera traduit en français par Elisabeth Nyffenegger et publié sur le site Pambazuka sous le titre *Vietnam-Afrique : Ce qu'on peut apprendre les uns des autres.*

Dans cet article ô combien engagé, il salue la grande solidarité exprimée entre le Vietnam et l'Afrique pendant les guerres de libération impérialiste. Ensuite, il fait l'historique de la lutte anticoloniale du Vietnam et sa guerre contre les États-Unis. Puis, dans un style qui lui est propre, il révèle les remarquables transformations et développements économiques *post bellum* du Vietnam qu'il illustre par des exemples en souhaitant que cela servent de modèle d'inspiration pour l'Afrique.

---

[16] Horace CAMPBELL : titre du discours prononcé le 6 janvier 2011 à Lagos au Nigéria lors du 3^ème forum annuel des chambres de commerce Nigéria-Vietnam sous le titre originel « Africa and Vietnam in a Changed World Economy: Building Relations for the Transformation in the 21st Century ».

[17] Horace CAMPBELL, *"Vietnam–Africa: Beyond 'Development' and 'Modernisation.'* Pambazuka News,.[en ligne] http://www.pambazuka.org/en/category/features/66782 (consulté le 17/06/2018).

Enfin, le Dr Campbell appelle au renforcement et à la consolidation de la coopération entre le Vietnam et l'Afrique en soulignant que *«les Africains ont beaucoup à apprendre du Vietnam et [...] les Africains ont beaucoup de choses à enseigner aux Vietnamiens»*.

Plus tard, il sera invité le 6 janvier 2011 comme « speaker » au 3ème forum annuel des chambres de commerce Nigéria-Vietnam, placé sous le thème *Africa and Vietnam in a changed world economy*. Dans sa tribune intitulée *Africa and Vietnam in a Changed World Economy: Building Relations for the Transformation in the 21st Century*, il formule le vœu de voir « les Vietnamiens enseigner à leurs enfants les sacrifices consentis par Hô Chi Minh », mais aussi et surtout la nécessité de leur parler également « de *Patrice Lumumba*, de la *reine Nzinga*, de *Mbuya Nehanda*, de *Kwame Nkrumah*, de *Nelson Mandela* et *Samora Machel* » et vice-versa. Pour finir, il implore « la jeune génération » vietnamienne et africaine à faire la distinction entre « la coopération entre le Vietnam et l'Afrique pour la transformation du XXIème siècle » et « la coopération Vietnam-Afrique pour le développement durable » et enjoint cette dernière à travailler pour « accélérer la première coopération ». C'est certainement ce type de coopération *gagnant-gagnant* qui contribuera à transformer et améliorer sur tous les plans, le cadre de vie des Vietnamien et des Africains, fussent-ils anglophones, *vietnamophones*, lusophones ou francophones.

# La Francophonie

« La coopération Vietnam-Afrique possède de grandes potentialités de coopération et de grands atouts dus à l'appartenance à la Francophonie du Vietnam et d'un grand nombre de pays africains. La question est de savoir comment cet avantage se traduit dans la réalité de la coopération ».

**Hong Khanh DANG** : Thèse *La Francophonie et La Coopération Vietnam-Afrique.*

## Fer de lance de la solidarité francophone

La Francophonie est le dispositif institutionnel rassemblant et organisant les relations entre les pays francophones avec pour mission de donner corps à une solidarité active entre les 80 États et gouvernements qui la constituent. En 2015, elle était composée de « 57 membres » et « 23 observateurs » qui entretiennent entre eux des relations bilatérales et multilatérales.

Tandis que le Vietnam est la principale puissance francophone de l'ASEAN (Association des nations de l'Asie du Sud-Est), l'Afrique francophone occupe une place de choix en Afrique. Sur les 54 pays que compte l'Afrique, 31 sont francophones, soit près de la moitié des pays de tout le continent. A ce titre, l'Afrique francophone est un véritable tremplin de pénétration économique du reste de cet espace.

Logiquement, qui pénètre et tient l'Afrique francophone, conquiert toute l'Afrique, parce que l'Afrique francophone partage ses frontières avec les autres grands et géants pays régionaux d'Afrique tels le Nigéria, le Soudan, l'Angola et bien d'autres. Cet objectif de pénétration et de conquête du marché africain constitue un pari pour le Vietnam et un défi pour la Francophonie, organisation culturelle, politique et économique.

La Francophonie contribue en partie à promouvoir et consolider les relations économiques et culturelles entre ses États membres. Le fait de partager une même langue et des valeurs culturelles est un facteur d'établissement et d'accélération d'une coopération économique, notamment quand cela se déroule dans un cadre politique organisé et structuré tel que le promeut la *Francophonie économique* à travers les rencontres Vietnam-Afrique.

La Francophonie constitue, à bien des égards, un atout majeur de la coopération économique Vietnam - Afrique et reste une courroie d'intensification des relations commerciales entre les deux. Face à la concurrence effrénée de plusieurs pays émergents sur le continent africain, elle reste un rempart pour la protection des intérêts et l'établissement des liens de solidarité économique entre ces deux entités. Depuis plusieurs années, la Francophonie est à la base de nombreuses initiatives à valeur ajoutée entre l'Afrique et le Vietnam, en l'occurrence :

- 7 septembre 2012 à Hanoï - Forum «Vietnam-Afrique-Moyen-Orient, nouveau partenariat pour le développement» ;

- 18 octobre 2012 à Dakar - Forum de renforcement des relations entre les opérateurs économiques d'Afrique de l'Ouest et d'Asie du Sud-Est ;

- 9 janvier 2014 à Hô-Chi-Minh-Ville - Forum de concertation pour le développement de la coopération Sud-Sud dans l'agro-alimentaire ;

- 3 et 4 avril 2014 à Hanoï - Forum régional sur la coopération économique francophone ;

- 23 au 27 juin 2014 à Hô-Chi-Minh-Ville - Rencontre des dirigeants de banques francophones d'Afrique et d'Asie ;

- 19 novembre 2015 à Hô-Chi-Minh-Ville - Forum consacré au développement des affaires et des échanges Sud-Sud entre les pays francophones d'Afrique et du Mékong ;

- 7 et 8 juin 2016 à Hanoï - Séminaire sur les voies arbitrales de règlement de litiges commerciaux.

Malgré tous ces efforts, nonobstant toute cette bonne volonté affichée et démontrée, les résultats obtenus restent modestes. Il subsiste toujours, hélas, un gap, considérable entre les potentialités existantes et les résultats. C'est un fait : l'Afrique francophone, les Africains de cet espace ne connaissent pas le Vietnam, ou, du moins, ont une connaissance insuffisante de son marché, de son potentiel et de ses atouts. A contrario, le

Vietnam peine toujours à conquérir le marché africain. Il ne l'a toujours pas pénétré, malgré l'entremise et l'entregent de la Francophonie qui, manifestement, doit s'inventer pour trouver des voies et moyens de sortie des forums pour le terrain proprement dit.

# Perspectives et enjeux

## Le renforcement du français au Vietnam

Pour coopérer, il faut discuter, parler et négocier. Or, le critère de la langue est l'un des points d'achoppement des relations économiques entre le Vietnam et l'Afrique. Même si le Vietnam est membre de la Francophonie, le « tieng viet » (vietnamien) reste la langue nationale du Vietnam. Celle la plus parlée. En outre, la jeune génération, soucieuse de s'ouvrir sur un marché de travail très compétitif, se tourne vers l'apprentissage de l'anglais au détriment du français, plutôt présent dans les milieux élitistes. Tandis que l'Afrique est traversée par une mosaïque linguistique du Nord au Sud et de l'Est à l'Ouest avec une réelle prédominance du français. Il appartient donc à l'OIF d'améliorer ses politiques de renforcement de l'apprentissage du français au Vietnam.

Certes, de nombreux programmes dans ce sens existent, tel le projet VALOFRASE (Valorisation du français en Asie du Sud-Est), mais il y a encore un énorme public à toucher, notamment celui des milieux diplomatiques, d'affaires, du droit et du commerce. L'une de mes missions à la Maison du droit vietnamo-française s'inscrivait en droite ligne avec cet enjeu. J'étais, entre autres, chargé de coordonner et d'enseigner le français juridique aux jeunes étudiants vietnamiens désirant poursuivre leurs études de droit dans les pays francophones à travers le monde.

## Mise en œuvre d'un *Erasmus* vietafricain

L'OIF, par l'entremise de son réseau d'universités de l'Agence universitaire francophone (AUF), peut mettre en œuvre une politique d'échange des étudiants Afrique-Vietnam des filières économiques, juridiques, commerciales et/ou technologiques. Une sorte d' « Erasmus » francophone pour favoriser les rencontres entre les compétences de ces deux ensembles. Laquelle initiative pourrait être étendue à tous les pays de l'Asie du Sud-Est. Le cœur des enseignements des filières quelles qu'elles soient, porterait sur la diffusion du *droit* OHADA (Organisation pour l'harmonisation en Afrique du droit des affaires). C'est un ensemble de lois et d'institutions qui établissent un cadre juridique uniforme régissant les activités commerciales dans les 16 pays (UEMOA et CEMAC) qui en sont membres. L'idéal serait que les juristes et milieux d'affaires vietnamiens se l'approprient avant d'accéder au marché africain.

## L'établissement des contrats-types multilingues (français-vietnamien-anglais)

La langue est l'une des principales entraves à la communication entre entreprises du Vietnam et de l'Afrique. En quelle langue devront être rédigés les contrats et autres documents d'affaires ? Serait-ce en français, anglais ou vietnamien ? La plupart des compagnies vietnamiennes utilisent davantage l'anglais comme langue d'échange international. Pour y remédier, la Francophonie dispose des ressources humaines et techniques pour analyser en amont les besoins des milieux d'affaires africain et vietnamien. Et, en aval, elle pourrait rédiger des modèles de documents et contrats-types bilingues ou trilingues pour favoriser et accélérer les échanges commerciaux en fonction des différents secteurs d'activités.

# Diplomatie et politique

« En dépit des contraintes liées à l'éloignement géographique, le Vietnam et les pays africains nouent des relations très anciennes et disposent d'atouts à faire prévaloir au regard de leurs énormes potentialités ».

**Naceur** **BOUCHERIT**, ambassadeur d'Algérie à Hanoï représentant en chef du groupe des ambassadeurs africains accrédités au Vietnam (2009).

## Sur le plan diplomatique

Les relations traditionnelles diplomatiques, fraternelles et d'amitié entre le Vietnam et l'Afrique sont séculaires et prennent leur source dans la période de colonisation ou plus précisément de lutte pour la décolonisation.

Ces liens d'amitiés historiques ne manquent jamais d'être mis en exergue par les officiels vietnamiens. Ce fût d'ailleurs, le cas lors du forum international « Vietnam – Afrique : possibilités de coopération et de développement au XXIe siècle », premier du genre, tenu à Hanoï du 28 au 30 mai 2003. A son ouverture, le premier ministre Sem Pham VAN KHAI rappellera que « le Vietnam et l'Afrique sont divisés par une distance géographique énorme. Néanmoins, les peuples vietnamien et africain ont, depuis longtemps, bénéficié d'une bonne amitié traditionnelle. La fondation de ces liens étroits a été établie et nourrie par notre président bien-aimé Ho Chi Minh et les révolutionnaires africains depuis les années 1920. »

En effet, d'après le magazine en ligne *Vietnam +* « Le Vietnam a de bonnes relations de coopération avec les pays africains et il est le seul pays membre de l'ASEAN (Association des nations de l'Asie du Sud-Est) à avoir créé le mécanisme de « séminaire international Vietnam-Afrique », lequel a été organisé à deux reprises jusqu'à ce jour[18] » Le premier a eu lieu à Hanoï en mai 2003. Au cours de ce forum, le gouvernement du Vietnam a énoncé un programme d'action nationale afin de promouvoir de meilleures relations avec l'Afrique. Le deuxième forum international, quant à lui, a eu lieu sur le thème de « Vietnam-Africa : la coopération pour un développement durable ». Il s'est déroulé entre le 17 et le 19 août 2010 et avait pour but de discuter des modalités de la promotion de la coopération.

---

[18] http://fr.vietnamplus.vn/elargissement-de-la-cooperation-multidisciplinaire-avec-les-pays-dasieafrique/62309.vnp (vu le 07/10/2016).

En outre, il faut préciser que les premiers dénominateurs communs entre le Vietnam et l'Afrique sont la richesse de leurs sols et sous-sols et leur appartenance jadis à des empires coloniaux. En effet, le Vietnam et l'ensemble des pays d'Afrique francophone faisaient partie du « second empire colonial français » possédé par la France à partir de 1815. Tandis que le reste des pays d'Afrique appartenait, pour la plupart, à d'autres empires impérialistes, notamment l'Angleterre, le Portugal, la Belgique et l'Espagne.

Dans ce contexte colonial, le Vietnam, comme l'Afrique, a connu les affres des brimades et de la déshumanisation infligées par le tout-puissant colon. Les humiliations étaient le lot des colonisés : *bamboula* ou *banania* en Afrique subsaharienne, *bougnoul* au Maghreb et *niakoué* au Vietnam. Telles étaient autrefois les appellations péjoratives et infamantes pour désigner les colonisés. Autant d'ingrédients qui ont amené le Vietnam et l'Afrique à s'unir ou tout au moins à se fréquenter afin d'élaborer des stratégies et partager des expériences visant à bouter le colon hors de leurs frontières et accéder à l'indépendance pour enfin assumer leur souveraineté.

A ce jour, le Vietnam « a ouvert des ambassades dans 9 pays : Algérie, Libye, Tanzanie, Égypte, Angola, Afrique du Sud, Maroc, Nigeria, Mozambique et des missions économiques dans 5 pays : Algérie, Maroc, Égypte, Tanzanie, Afrique du Sud, Nigeria. Neuf pays africains (Maroc, Algérie, Égypte, Nigeria, Afrique du sud, Libye, Soudan, Angola et Mozambique) ont aussi instauré leur représentation diplomatique permanente à Hanoï »[19]. Depuis le 9 octobre 1958, il a établi des relations diplomatiques avec 52 des 55 pays du continent comme l'illustre le « tableau[20] » suivant :

---

[19] Anh Thu NGUYEN, *La diplomatie culturelle 2.0 : L'exemple du Vietnam*, in Revue Internationale des Francophonies n° 9 [en ligne].

[20] Disponible sur le site internet du ministère des Affaires étrangères vietnamien: http://www.mofa.gov.vn/en/cn_vakv/ (consulté le 23.12.14).

| Liste des pays africains ayant des relations diplomatiques avec le Vietnam (Jusqu'en avril 2010) | | |
|---|---|---|
| Noms des pays | | Date d'établissement des relations diplomatiques |
| 1 | République de Guinée | 09/10/1958 |
| 2 | République du Mali | 30/10/1960 |
| 3 | Royaume du Maroc | 27/03/1961 |
| 4 | République démocratique du Congo | 13/04/1961 |
| 5 | République démocratique populaire d'Algérie | 28/10/1962 |
| 6 | République arabe d'Egypte | 01/09/1963 |
| 7 | République du Congo | 16/07/1964 |
| 8 | République unie de Tanzanie | 14/02/1965 |
| 9 | République islamique de Mauritanie | 15/03/1965 |
| 10 | République du Ghana | 25/03/1965 |
| 11 | République du Soudan | 26/08/1969 |
| 12 | République du Sénégal | 29/12/1969 |
| 13 | République démocratique de Somalie | 07/06/1970 |
| 14 | République du Cameroun | 30/08/1972 |
| 15 | République de Guinée équatoriale | 01/09/1972 |

| Liste des pays africains ayant des relations diplomatiques avec le Vietnam (Jusqu'en avril 2010) | | |
|---|---|---|
| Noms des pays | | Date d'établissement des relations diplomatiques |
| 16 | République de Zambie | 15/09/1972 |
| 17 | République de Tunisie | 15/12/1972 |
| 18 | République de Madagascar | 19/12/1972 |
| 19 | République d'Ouganda | 09/02/1973 |
| 20 | République du Bénin | 14/03/1973 |
| 21 | République de Guinée-Bissau | 30/09/1973 |
| 22 | République de Gambie | 30/10/1973 |
| 23 | Burkina Faso | 16/11/1973 |
| 24 | République du Gabon | 09/01/1975 |
| 25 | République du Togo | 08/02/1975 |
| 26 | République du Niger | 07/03/1975 |
| 27 | République socialiste populaire Jamahiriya arabe libyenne | 15/03/1975 |
| 28 | République du Burundi | 16/04/1975 |
| 29 | République du Mozambique | 25/06/1975 |
| 30 | République du Cap-Vert | 08/07/1975 |
| 31 | République du Rwanda | 30/09/1975 |
| 32 | République de Côte d'Ivoire | 06/10/1975 |
| 33 | République d'Angola | 12/11/1975 |
| 34 | République fédérale démocratique d'Éthiopie | 23/02/1976 |

| Liste des pays africains ayant des relations diplomatiques avec le Vietnam (Jusqu'en avril 2010) | | |
|---|---|---|
| Noms des pays | | Date d'établissement des relations diplomatiques |
| 35 | République du Nigeria | 25/05/1976 |
| 36 | République démocratique de Sao Tome et Principe | 06/11/1976 |
| 37 | République de Sierra Leone | 24/06/1978 |
| 38 | République arabe sahraouie démocratique | 02/03/1979 |
| 39 | République des Seychelles | 16/08/1979 |
| 40 | République du Zimbabwe | 24/07/1981 |
| 41 | République du Tchad | 05/10/1981 |
| 42 | République de Namibie | 21/03/1990 |
| 43 | République de Djibouti | 30/04/1991 |
| 44 | État d'Érythrée | 20/07/1993 |
| 45 | République d'Afrique du Sud | 22/12/1993 |
| 46 | République d'île Maurice | 04/05/1994 |
| 47 | République du Kenya | 21/12/1995 |
| 48 | Royaume du Lesotho | 06/01/1998 |
| 49 | République Centrafrique | 10/11/2008 |
| 50 | République du Botswana | 11/02/2009 |

## Quelques temps forts de la *solidarité* entre les peuples d'Afrique et du Vietnam

Pour rappel, les relations entre le Vietnam et l'Afrique remontent bien avant son indépendance et celle de nombreux pays africains, c'est-à-dire aux années de lutte anticoloniale. Les documents de l'ANOM (Archives nationales d'outre-mer) et certains historiens rapportent l'existence de liens directs entre le président Hô Chi Minh et l'Afrique. En effet, entre « 1911 et 1917[21] », le président « Hô Chi Minh » a effectué « des voyages en Europe, aux États-Unis », mais également « en Afrique noire » et au « Maghreb ». Le vietnamologue *Pierre Brocheux* dans son livre biographique *Hô Chi Minh, du révolutionnaire à l'icône,* énumère les pays et côtes africains visités par le camarade Hô, notamment *Tunis*, *Dakar*, les *côtes est-africaines*, *l'île de la Réunion* et le *Congo*.

Quelques années plus tôt, en France, l'activisme de Nguyen Ai Quoc (autre nom de Hô Chi Minh) l'amena à croiser le chemin de nombreux révolutionnaires antillais, malgaches, africains subsahariens et maghrébins. Après le congrès de Tours qui vit naître en 1920 le Parti communiste français (PCF), ils fondèrent ensemble, en 1921, « l'Union intercoloniale[22] », une « organisation pour communistes d'origine coloniale vivant en France ». Ils éditèrent, en avril 1922, une publication *Le Paria.* Dans les trente-six numéros qui sortirent entre 1922 et 1936, les articles publiés accusaient les crimes colonialistes et propageaient le *marxisme-léninisme* ainsi que l'internationalisme prolétarien. C'est également dans ce journal que Nguyen Ai Quoc (*Hô Chi Minh*) rédigea le célèbre « Procès de la colonisation française », paru en 1925.

---

21 Disponible sur http://anom.archivesnationales.culture.gouv.fr/ark:/61561/ph999nlnn (consulté le 19/07/16).

22 Disponible sur (http://www.contretemps.eu/interventions/paria-parti-communiste-fran%C3%A7ais-travailleurs-immigr%C3%A9s-lanti-imp%C3%A9rialisme-1920-24) (consulté le 19/07/16).

Outre Hô Chi Minh (*ou Nguyen Sinh Cung, son nom de naissance*), d'autres « camarades » venant d'Afrique étaient impliqués dans l'animation du journal *Le Paria*, notamment Hadjali Abdelkader (*Ali baba ou Hadj Bicot - Algérie*), qui, avec Messali Hadj, fonda *l'Étoile nord-africaine*, Samuel Stéphany, Jean Raliamongo (*Madagascar*), et le non moins sulfureux Lamine Senghor (*Sénégal*) à ne pas confondre avec un autre Senghor, Léopold Sedar Senghor.

*Le Paria* a contribué par son activisme à semer quelques « graines de deux des plus grandes guerres de libération nationale qui devaient dominer la politique française dans les deux décennies suivant la Seconde Guerre mondiale[23] : » la guerre d'Algérie et la guerre du Vietnam.

Par conséquent, de nombreux historiens s'accordent sur le fait que les défaites de Dien Bien Phu (1954) et d'Algérie (1962) ont donné « naissance à la V^e^ République (1958) », comme « la capitulation de Sedan face à l'Allemagne en 1870-71 donna naissance à la III^e^ République et la capitulation de *Montoire* face à Hitler en 1940 à la IV^e^ République (1946)[24]. » Quoi qu'il en soit, les relations de solidarité entre le Vietnam et l'Afrique étaient très fortes, actives et concrètes et, à n'en point douter, Hô Chi Minh connaissait l'Afrique, les Africains et les problématiques inhérentes aux deux peuples colonisés.

Alors que les leaders et mouvements révolutionnaires du continent africain s'organisent pour chasser les puissances impérialistes, le président Hô décide d'entrer en contact avec ces derniers, après avoir proclamé, sur la place de *Ba Dinh*, l'indépendance du Vietnam, le 2 septembre 1945. L'intégralité de ce discours mérite d'être connue et largement diffusé, afin que chacun s'approprie ce moment historique.

---

[23] [contretemps.eu/interventions/paria-parti-communiste-] op.cit. p.67.

[24] http://www.mondialisation.ca/les-colonies-avant-go-t-du-paradis-ou-arri-re-go-t-d-enfer/18107?print=1 (consulté le 19/07/16).

# « Déclaration d'indépendance de la République démocratique du Vietnam.
(2 septembre 1945)

*"Tous les hommes naissent égaux. Le Créateur nous a donné des droits inviolables, le droit de vivre, le droit d'être libre et le droit de réaliser notre bonheur."*

Cette parole immortelle est tirée de la Déclaration d'indépendance des États-Unis d'Amérique en 1776. Prise dans un sens plus large, cette phrase signifie : Tous les peuples sur la terre sont nés égaux ; tous les peuples ont le droit de vivre, d'être heureux, d'être libres.

La Déclaration des droits de l'homme et du citoyen de la Révolution française de 1791 proclame également « Les hommes naissent et demeurent libres et égaux en droits. »

Ce sont là des vérités indéniables.

Et pourtant, pendant plus de quatre-vingts années, les colonialistes français, abusant du drapeau de la liberté, de l'égalité, de la fraternité, ont violé notre terre et opprimé nos compatriotes. Leurs actes vont directement à l'encontre des idéaux d'humanité et de justice.

Dans le domaine politique, ils nous ont privés de toutes les libertés.

Ils nous ont imposé des lois inhumaines. Ils ont constitué trois régimes politiques différents dans le Nord, le Centre et le Sud du Vietnam pour détruire notre unité nationale et empêcher l'union de notre peuple.

Ils ont édifié plus de prisons que d'écoles. Ils ont sévi sans merci contre nos patriotes. Ils ont noyé nos révolutions dans des fleuves de sang.

Ils ont jugulé l'opinion publique et pratiqué une politique d'obscurantisme. Ils nous ont imposé l'usage de l'opium et de l'alcool pour affaiblir notre race.

Dans le domaine économique, ils nous ont exploité jusqu'à la moelle, ils ont réduit notre peuple à la plus noire misère et saccagé impitoyablement notre pays.

Ils ont spolié nos rizières, nos forêts, nos mines, nos matières premières. Ils ont détenu le privilège d'émission des billets de banque et le monopole du commerce extérieur.

Ils ont inventé des centaines d'impôts injustifiables, acculé nos compatriotes, surtout les paysans et les commerçants, à l'extrême pauvreté.

Ils ont empêché notre bourgeoisie nationale de prospérer. Ils ont exploité nos ouvriers de la manière la plus barbare.

En automne 1940, quand les fascistes japonais, en vue de combattre les Alliés, ont envahi l'Indochine pour organiser de nouvelles bases de guerre, les colonialistes français se sont rendus à genoux pour leur livrer notre pays.

Depuis, notre peuple sous le double joug japonais et français a été saigné littéralement. Le résultat a été terrifiant. Dans les derniers mois de l'année passée et le début de cette année, du Quang Tri au Nord Vietnam, plus de deux millions de nos compatriotes sont morts de faim.

Le 9 mars dernier, les Japonais désarmèrent les troupes françaises. Les colonialistes français se sont enfuis ou se sont rendus. Ainsi, bien loin de nous "protéger", en l'espace de cinq ans, ils ont par deux fois vendu notre pays aux Japonais.

Avant le 9 mars, à plusieurs reprises, la Ligue Viet Minh a invité les Français à se joindre à elle pour lutter contre les Japonais. Les colonialistes français, au lieu de répondre à cet appel, ont sévi de plus belle contre les partisans du Viet Minh. Lors de leur débandade, ils sont allés jusqu'à assassiner un grand nombre de prisonniers politiques incarcérés à Yen Bai et à Cao Bang.

Malgré tout cela, nos compatriotes ont continué à garder à l'égard des Français une attitude clémente et humaine. Après les événements du 9 mars, la Ligue Viet Minh a aidé de nombreux Français à passer la frontière, en a sauvé d'autres des prisons nippones et a protégé la vie et les biens de tous les Français.

En fait, depuis l'automne de 1940, notre pays a cessé d'être une colonie française pour devenir une possession nippone.

Après la reddition des Japonais, notre peuple tout entier s'est dressé pour reconquérir sa souveraineté nationale et a fondé la République démocratique du Vietnam.

La vérité est que notre peuple a repris son indépendance des mains des Japonais et non de celles des Français.

Les Français s'enfuient, les Japonais se rendent, l'empereur Bao Dai abdique. Notre peuple a brisé toutes les chaînes qui ont pesé sur nous durant près d'un siècle, pour faire de notre Vietnam un pays indépendant. Notre peuple a, du même coup, renversé le régime monarchique établi depuis des dizaines de siècles, pour fonder la République démocratique.

Pour ces raisons, nous, membres du Gouvernement provisoire, déclarons, au nom du peuple du Vietnam tout entier, nous affranchir complètement de tout rapport colonial avec la France impérialiste, annuler tous les traités que la France a signés au sujet du Vietnam, abolir tous les privilèges que les Français se sont arrogés sur notre territoire.

Tout le peuple du Vietnam, animé d'une même volonté, est déterminé à lutter jusqu'au bout contre toute tentative d'agression de la part des colonialistes français.

Nous sommes convaincus que les Alliés, qui ont reconnu les principes de l'égalité des peuples aux conférences de Téhéran et de San Francisco ne peuvent pas ne pas reconnaître l'indépendance du Vietnam.

Un peuple qui s'est obstinément opposé à la domination française pendant plus de quatre-vingts ans, un peuple qui, durant ces dernières années, s'est résolument rangé du côté des Alliés pour lutter contre le fascisme, ce peuple a le droit d'être libre, ce peuple a le droit d'être indépendant.

Pour ces raisons, nous, membres du Gouvernement provisoire de la république démocratique du Vietnam, proclamons solennellement au monde entier :

Le Vietnam a le droit d'être libre et indépendant et, en fait, est devenu un pays libre et indépendant. Tout le peuple du Vietnam est décidé à mobiliser toutes ses forces spirituelles et matérielles, à sacrifier sa vie et ses biens pour garder son droit à la liberté et à l'indépendance.

Hanoï, le 2 septembre 1945.

Hô Chi Minh, président. »

Treize ans après ce discours, c'est en 1958 que le Vietnam, sur un plan plus formel, entre officiellement en relation avec un pays africain notamment la Guinée, à la tête duquel se trouvait le président *Ahmed Sékou Touré*, premier président de ce pays d'Afrique de l'Ouest qui gouverna de « 1958 à 1984 ».

En outre, les sept autres pays africains à avoir fait montre d'une solidarité déclarée et ostentatoire avec le peuple vietnamien à cette époque sont : l'Algérie, l'Egypte, le Maroc, la Guinée, le Congo-Brazzaville, la Tanzanie et le Mali. Le Congo-Brazzaville fut le premier pays subsaharien à nommer en 1969 un ambassadeur au Vietnam en la personne de son excellence Claude Ernest Ndalla, aujourd'hui (2017) conseiller spécial du président congolais (Brazzaville) Sassou Nguesso.

La quasi inaudible présence diplomatique du Vietnam (9 représentations diplomatiques sur 54 pays) en Afrique, de nos jours, éclipse quelque peu les chaleureuses et cordiales relations diplomatiques qui liaient autrefois le Vietnam à l'Afrique. C'est pourquoi j'ai choisi quelques dates fortes pour mettre en lumière la vivacité des échanges d'antan, notamment avec l'Algérie, le Maroc (Afrique du Nord), la Guinée-Conakry et le Cameroun (Afrique subsaharienne).

## Solidarité avec la Guinée[25]

*15 septembre 1960 à Hanoï :* Sékou Touré rend visite à Hô Chi Minh au comité central exécutif du parti. Ensuite, il honore un rendez-vous avec le président du conseil Phan Van Dong. Enfin, il participe à un dîner officiel aux côtés de Hô Chi Minh ;

*16 septembre 1960 :* Hô Chi Minh et Sékou Touré déposent une couronne au cimetière national de Hanoï, puis entament des entretiens. Les deux hommes assisteront à un grand meeting de 100.000 personnes organisé en l'honneur de Sékou Touré ;

*14 mars 1961 :* Un accord économique guinéo-vietnamien est signé à Conakry ;

*25 mai 1965 :* Mme Nguyen Thi Binh, ministre du Front national de libération du Sud-Vietnam visite la Guinée et à, la mi-juin 1965, N'Guyen Duy Trinh, vice-Premier ministre et ministre des Affaires étrangères du Nord-Vietnam fera le même voyage ;

*Août 1968 :* Le colonel Kaman Diaby, chef d'état-major adjoint de l'armée guinéenne, et Diarra Traoré, commandant de l'aviation militaire guinéenne, se rendent à Hanoï, en prévision d'une coopération militaire ;

*10 et 11 septembre 1978* **:** Visite en Guinée de Nguyen Hu Tu, vice-président du Vietnam. Y sera signée une série d'accords de coopération économique, scientifique et technique, notamment dans le secteur agricole, pour la production du riz.

Après avoir voté par un « non » écrasant au référendum sur le « projet de Constitution pour l'établissement d'une communauté franco-africaine » proposé par le général Charles

[25] Disponible sur l'URL : http://www.webguinee.net/bibliotheque/histoire/andre-lewin/sekou-toure-president/volume-3/chapitre37.html (consulté le 14/11/15).

de Gaulle, la Guinée devint le premier territoire parmi les colonies d'Afrique à accéder à l'indépendance le 2 octobre 1958. Deux mois plus tôt, Ahmed Sékou Touré, qui devait en devenir le premier président, prononçait un discours révolutionnaire qui eut le mérite d'irriter le général de Gaulle auquel il signifia qu'« il n'y a pas de dignité sans liberté : nous préférons la liberté dans la pauvreté à la richesse dans l'esclavage ».

Cette allocution historique fit de Sékou Touré un symbole de la lutte anti-impérialiste et lui attira la sympathie de presque tous les leaders des pays de l'empire colonial français dont le président Hô Chi Minh pour lequel il « a toujours professé une grande admiration ». Il aurait déclaré en 1968 que : « celui que je respecte le plus, c'est Hô Chi Minh, en raison de sa finesse, de sa culture, de sa modestie ».

Outre la Guinée, avec laquelle il avait officialisé les relations diplomatiques dès les aurores de la lutte contre la colonisation, le Vietnam entretenait officieusement des contacts avec de nombreux pays d'Afrique, par le canal des mouvements révolutionnaires luttant pour l'indépendance de leur pays et se réclamant procommunistes et/ou pro-marxistes. C'est le cas notamment du Cameroun avec l'Union des populations du Cameroun (UPC). Mais c'est avec l'Algérie que les relations furent les plus intenses.

## Solidarité avec l'Algérie[26]

*Décembre 1958 :* Visite au Vietnam d'une délégation de l'Armée de libération nationale suivie d'une rencontre avec le Président Ho Chi Minh. Puis, la même année, visite officielle au Vietnam de la délégation du Gouvernement provisoire de la République algérienne (GPRA) ;

*1959 :* Visite et Séjour au Vietnam de l'équipe du Front de libération nationale (FLN – équipe nationale de football algérienne) suivie d'une rencontre avec le président Hô Chi Minh ;

Le Programme du séjour de l'équipe du FLN au Vietnam, qui fut une première, se déroula comme présenté ci-dessous :

- *16/11/1959* : Pékin-Hanoï, escale à Hong-Kong (HK) et HK-Hanoï le même jour.
- *17/11/1959* : Repos et entraînement au stade de Hanoï.
- *18/11/1959* : Visite usine de textile Nam Dinh.
- *20/11/1959* : Visite colonie de déserteurs (algériens, marocains et tunisiens du corps expéditionnaire français qui ont rejoint l'Armée de libération vietnamienne).
- *21/11/1959* : Petit déjeuner avec le président Hô Chi Minh. Réception en audience par le général Vo Nguyen Giap.
- *22/11/1959* : Match amical contre l'équipe nationale du Vietnam (score 5 - 0).
- 25/11/1959 : Départ du Vietnam à 0h00.

*Décembre 1963 :* Participation du FLN à la semaine de solidarité internationale avec le Vietnam, organisée à Hanoï ;

*Septembre 1969 :* Participation de la délégation officielle mixte FLN-Gouvernement algérien aux funérailles nationales du Président Hô Chi Minh à Hanoï ;

---

[26] Disponible sur le site : http://www.algerie.vn/relation/archives.html (consulté le 15/10/15).

*8 mars 1974:* Décès par crash d'avion de neuf journalistes vietnamiens et de 15 autres journalistes et techniciens algériens. Ces derniers, qui couvraient la tournée asiatique du défunt président Houari Boumediene, s'appelaient « Abdelatif Ahmed, Maidat Mohamed, Kahouadji Abderrahmane, le "sympathique" présentateur du journal télévisé de l'époque, Salah Dib, Sahraoui Mohamed, Tidar Djillali, Taâlah Mohamed, Harsat Tayeb, Taleb Mohamed, Mouaki Benani Sebti, Haned Rabah, Boudjemia Kader, Bekkay Mohamed, Kaboub Mustapha, Boutrif Laredj et Lyas Hallas ». Paix à leurs âmes.

## Solidarité avec le Maroc

Dans une interview accordée le 25/03/2011 au *Courrier du Vietnam*, l'ambassadeur du Maroc au Vietnam, El Houcine Fardani, précisait que « les relations entre le Maroc et le Vietnam remontent bien avant l'indépendance » du Maroc obtenue le 18 novembre 1956. D'après lui, les historiens rapportent « l'existence de liens entre le président Hô Chi Minh et l'*émir Mohammed Ben Abdelkrim El Khattabi*, chef de guerre du Rif, au Nord du Maroc qui se battait contre les Espagnols et les Français. »

En effet, c'est ce qui ressort d'une « lettre écrite vers 1948-49 par le docteur Pham Ngoc Thach (médecin vietnamien devenu maquisard puis ministre du Gouvernement de la Résistance), au nom de Hô Chi Minh, à l'émir Abd el-Krim[27] » dont voici in extenso la teneur :

«**A Son Excellence l'Emir Abd el-Krim,**

Je suis chargé par le président Hô Chi Minh et par le gouvernement de la République démocratique du Vietnam de vous faire parvenir les salutations les plus chaleureuses et les meilleurs vœux à l'occasion de votre retour en terre arabe. Le peuple du Vietnam a suivi avec passion et admiration votre lutte contre l'impérialisme français depuis 1922 et il portait une grande estime à votre courage et à votre sens du sacrifice, et il ne doute pas que votre retour sonnera l'heure de la libération pour tous nos frères musulmans d'Afrique du Nord.

Excellence, notre gouvernement comme notre peuple sont déterminés à poursuivre la lutte armée jusqu'à la victoire pour la libération du Vietnam en dépit de la supériorité de l'ennemi en armes, l'ennemi que l'on ne peut concurrencer ni en effectifs, ni en matériel. La majeure partie du pays est du reste sous notre

---

[27] Huu NGOC, *A la découverte de la culture vietnamienne* Ed :Thé Gioi; p.652.

contrôle, alors que seules les principales villes sont sous contrôle français.

Nous croyons en notre victoire finale car notre peuple a construit un front solidaire uni derrière le gouvernement d'Hô Chi Minh. Notre lutte est la vôtre et votre combat n'est en rien différent du nôtre. Aussi, la solidarité des mouvements de libération nationale dans le cadre de l'ancien empire français est à même de mettre un terme final à l'impérialisme français.

Excellence, le gouvernement d'Hô Chi Minh vous prie de bien vouloir utiliser votre grande autorité spirituelle en demandant aux soldats d'Afrique du Nord de refuser de partir pour le Vietnam, et vous prie en outre de lancer un appel aux dockers afin de boycotter les navires français.

Avec les meilleurs vœux du peuple vietnamien pour la libération de l'Afrique du Nord et le succès de votre grand peuple dans sa guerre sacrée contre l'impérialisme français.

Veuillez, Excellence, recevoir nos salutations et respects distingués.

Pham Ngoc Thach[28]. »

D'après Huu Ngoc, anciennement membre du Département général des affaires politiques de l'armée populaire du Vietnam, chargé du bureau de rééducation des prisonniers de guerre européens et africains et par ailleurs auteur de *A la découverte de la culture vietnamienne* , « on n'a pas connaissance de la réponse donnée à cette lettre par l'émir Abd el-Krim », mais ce qui est sûr et certain c'est que, quelques mois plus tard, de son exil au Caire, l'émir lança deux appels.

---

[28] Huu NGOC op.cit. p.653.

Tout d'abord, un premier appel à tous les Marocains paru dans le journal égyptien *Sawt Al Oumma* du 21 mars 1948 en ces termes :

« Marocains !

Il ne suffit plus aux impérialistes français d'occuper votre pays, de coloniser vos terres et d'y amener des armées pour vous combattre chez vous. Il vous ont rendus misérables et ont exercé sur vous une pression telle que certains d'entre vous sont portés à croire que, pour en finir avec leurs souffrances et échapper à la tyrannie, ils n'ont d'autres moyens que de s'enrôler dans les rangs des armées françaises.

En réalité, enfants du Maghreb, c'est une action prohibée par notre juste religion, contraire aux enseignements du prophète (saws). En effet, ceci est contraire aux commandements de Dieu et de son prophète qui vous interdisent d'être les aides des Français oppresseurs contre les peuples du Vietnam, ce peuple héroïque qui défend sa liberté.

Soldats marocains !

Sachez que l'aide que vous apportez aux forces de l'impérialisme en Indochine, en plus de son caractère contraire à la religion et à la morale, prolonge la présence française dans vos patries.

Les Français vous diront que les Vietnamiens sont un peuple d'idolâtres mais quand les Français ont-ils eu une religion ?

Vous devez chercher à passer dans les rangs des Vietnamiens pour les aider à vaincre les impérialistes français car leur défaite serait aussi une victoire pour la cause de la liberté et de l'indépendance du Maghreb[29].»

---

[29] Traduction de l'appel paru dans le journal égyptien *Sawt Al Oumma* du 21 mars 1948 disponible sur le site http://indigenes-republique.fr/appel-de-

Le second appel, ensuite adressé aux Maghrébins en général depuis la capitale égyptienne, est daté du 4 avril 1949 ; en voici quelques extraits :

« En de mêmes jours l'année dernière, les colonialistes français avaient conduit une armée constituée des fils du Maghreb arabe pour affronter le mouvement d'indépendance en Indochine. J'ai considéré alors que le devoir nationaliste m'incitait à adresser un appel par lequel je devais montrer l'issue fatale de leur acte et leur rappeler que ni notre religion en tant que musulmans, ni nos traditions en tant qu'Arabes, ne nous permettent de soutenir le faux contre le vrai, et de consolider les bases de l'injustice contre celles de la justice.

Aussi est-il impérieux, par fidélité à la cause de la liberté, que j'adresse, aux fils de l'Afrique du Nord, un nouvel appel.

La victoire de la liberté dans n'importe quel endroit du monde, est notre victoire, le signal de l'approche de notre indépendance[30]… . »

Et d'ajouter :

« …la victoire du colonialisme, même à l'autre bout du monde, est notre défaite et l'échec de notre cause *(...).* Aidez donc votre pays et n'aidez pas contre lui. Si vous êtes contraints d'être dans les rangs de l'ennemi, choisissez l'attitude la plus conforme à votre fierté et à votre honneur, choisissez le parti de ceux qui défendent la liberté et qui font des sacrifices pour obtenir l'indépendance[31]. »

---

abdelkrim-khattibi-heros-marocain-de-la-lutte-anticoloniale/ (consulté le 19/07/16).

[30] Huu (Ngoc) *op.cit.*

[31]Interview de l'ambassadeur du Maroc consultée le 17/07/2016 sur le site http://lecourrier.vn/affermir-les-relations-de-coopeacuteration-vietnam-maroc-de-longue-date/22900.html.

En réponse à ces appels, de nombreux soldats marocains, tunisiens et algériens se sont ralliés dès 1950 à « la cause Viet Minh ». Leur nombre a augmenté avec la déportation et l'exil du sultan *Mohamed V* (1951-1953). Ces soldats se sont regroupés au sein du « DINA (Détachement des indépendants nord-africains) » spécialement constitué pour les accueillir et ils participaient activement aux activités paramilitaires.

A la demande des cadres du parti communiste vietnamien auprès de l'émir Abd el-krim « d'envoyer au Vietnam un Nord-Africain capable de monter un réseau de guerre psychologique à destination des troupes nord-africaines du Corps expéditionnaire français d'Extrême-Orient (CEFO) [32] » pour encadrer les « soldats nord-africains ralliés ou prisonniers dans le camp de Son Tây au pied du mont Ba Vi », le parti communiste marocain désigna « M'Hammed Ben Aomar Lahrech, alias Marcel, alias Maârouf, alias El Hamri, baptisé Anh Ma (Frère cheval) par le général Vo N'guyen Giap, chef de guerre vietnamien de renom[33]. »

Elevé au « grade de général » et ayant des « relations très étroites avec les dirigeants vietnamiens à cette époque », Maârouf (Ben Aomar), lui-même, s'était trouvé « à la tête de toute une organisation hiérarchisée, avec ses officiers et ses sous-officiers. Il avait constamment à ses côtés son adjoint direct, un Vietnamien, Si Lah Sen, l'interprète Hûon, les Algériens Khalifa et Brahim[34]… » D'après les archives des services de renseignement français, il était « gardé » par une section de « bo doi en armes ».

Les relations de solidarité entre le Vietnam et le Maroc se sont poursuivies par la suite :

---

[32] Saaf ABDALLAH, *Histoire d'Anh Ma*, L'Harmattan, Paris, 96, p.190.
[33] *Ibid.*
[34] *Ibid.*

*Début des années 1960 :* les dirigeants des deux pays s'échangeaient des messages de félicitations à l'occasion de leur fête nationale ;

*23 mars 1961 :* une délégation de la République démocratique du Vietnam (RDV), conduite par le ministre des Affaires étrangères, *Ung Van Khiêm*, est arrivée au Maroc ;

*25 mars 1961 :* réception de la délégation par Sa Majesté le Roi Hassan II qui a rendu hommage à « la lutte que le peuple vietnamien a livrée pour recouvrer son indépendance ».

Par retour de politesse, *Ung Van Khiêm*, en transmettant les vœux du président Hô Chi Minh, a pour sa part déclaré entre autres : « Ensemble, nous nous sommes levés contre la même domination. Sans la sympathie et le soutien du monde, soutien auquel le Maroc a puissamment contribué, nous ne serions pas aujourd'hui libérés, bien que la moitié de notre pays se trouve sous la domination étrangère[35]. »

Les relations de solidarité et d'amitié furent aussi les plus dynamiques entre le Vietnam et la Guinée-Conakry (terre d'asile des nationalistes africains exilés). Mais ce n'est pas pour autant que le Vietnam n'entretenait pas des liens avec d'autres pays et avec des mouvements nationalistes de l'opposition comme ce fut le cas avec le Cameroun.

---

[35] Vu sur http://lecourrier.vn/affermir-les-relations-de-coopeacuteration-vietnam-maroc-de-longue-date/22900.html (Consulté le 19/07/16).

## Solidarité avec le Cameroun

Concernant le Cameroun, c'est officiellement le 30/08/1972 que des relations diplomatiques sont établies avec le Vietnam. Mais, bien avant cela, le Vietnam avait des contacts et des liens étroits avec l'UPC (Union des populations du Cameroun), parti nationaliste et révolutionnaire pro-marxiste dirigé par son charismatique leader Ruben Um Nyobé, farouchement engagé pour la décolonisation du Cameroun et son indépendance immédiate sans condition.

C'est en cette qualité légitime d'organisation populaire et révolutionnaire que l'UPC était invitée à la « Conférence internationale de solidarité avec le peuple du Vietnam contre l'agression impérialiste américaine, pour la défense de la Paix » tenue à Hanoï en 1964. Au cours de cette conférence, le représentant de l'UPC, le camarade Henri Hogbé Nlend, prononça un vibrant et retentissant « discours[36] ». L'intégralité de cette allocution met en relief l'engagement du peuple *kamerunais* pour la cause vietnamienne.

[36] Disponible sur : http://etoilerouge.chez-alice.fr/docrevinter2/cameroun2.pdf (consulté le 23/02/2016).

## « Hogbe Nlend
## Union des Populations du Cameroun
## Discours à Hanoï
## 20 décembre 1964

Monsieur le président, chers amis, chers camarades,

Permettez-moi, tout d'abord, au nom du peuple *kamerunais* en lutte armée contre le néo-colonialisme, et au nom de l'Union des populations du Cameroun, de vous adresser mon salut le plus chaleureux et le plus fraternel.

Permettez-moi de vous transmettre les plus vifs remerciements de notre Parti aux organisations populaires vietnamiennes, organisatrices de la Conférence internationale de solidarité avec le peuple du Vietnam contre l'agression impérialiste américaine, pour la défense de la paix, qui ont bien voulu inviter notre peuple à ce rassemblement triomphal des combattants pour la liberté, la démocratie et la paix.

Amis et camarades,

Depuis plus de dix ans, l'impérialisme américain, en violation flagrante des accords de Genève de 1954 sur l'Indochine, poursuit dans cette partie du monde une politique systématique d'intervention et d'agression dans le but de transformer cette zone pacifique en une de ses bases militaires.

L'impérialisme américain a déclenché et mène une guerre d'agression et de génocide au Sud-Vietnam; il multiplie les actes de provocation et de sape contre la République démocratique du Vietnam, et conspire de façon perfide contre cette jeune république, pacifique.

L'impérialisme américain s'est interféré dans les affaires intérieures du royaume du Laos, massacré les paisibles populations de ce pays, bombardé les régions libérées du Moyen et du

Bas-Laos et complote fébrilement pour l'instauration d'un gouvernement ultra-fantoche, ultra-réactionnaire à sa solde et à son entière dévotion.

L'impérialisme américain et ses fantoches de Saigon et de Bangkok ne cessent de se livrer à de graves actes de provocation et d'agression contre le royaume du Cambodge et le gouvernement pacifique du prince Norodom Sihanouk.

Depuis 1961, l'impérialisme américain a mis tout en œuvre pour intensifier la guerre au Sud-Vietnam, mais le peuple héroïque du Sud-Vietnam, fermement uni sous la juste direction du Front national de libération (FNL), ripostant du tac au tac aux agressions de l'ennemi, ne cesse d'asséner à ce dernier des défaites de plus en plus cinglantes et retentissantes, de libérer son pays région après région, d'arracher la victoire pas à pas, et de réduire l'envahisseur à un isolement de plus en plus marqué, prélude de sa totale liquidation.

Le peuple kamerunais salue chaleureusement ces brillantes victoires du peuple vietnamien frère sur l'ennemi le plus dangereux des peuples du monde : l'impérialisme américain, le gendarme international, le plus grand exploiteur impitoyable des peuples, le chef de file du colonialisme et du néo-colonialisme, l'auteur tristement célèbre de crimes sanglants contre les peuples pacifiques du Japon, de Corée, de Chine, des Philippines, du Laos, du Cambodge, de Thaïlande, du Congo, de Cuba et de nombreux autres peuples d'Asie, d'Afrique et d'Amérique latine !

Aujourd'hui, les États-Unis, en vue d'échapper à leur enlisement et à leur défaite totale au Sud-Vietnam, se proposent en outre de porter la guerre au Nord-Vietnam, de l'étendre en Indochine et même dans tout le Sud-Est asiatique, en attelant à leur char de guerre les divers gouvernements fantoches de Séoul, de Manille, de Bangkok et la clique de Tchiang Kai-tchek. Tour à tour, les puissances impérialistes de Grande-

Bretagne, d'Australie, du Canada, du Japon, de la République fédérale d'Allemagne volent à leur secours !

C'est dire, amis et camarades, que la situation actuelle dans le Sud-Est asiatique est d'une gravité sans précédent, que la paix y est plus que jamais gravement menacée et que le danger d'une troisième guerre mondiale déclenchée par l'impérialisme américain est plus grand que jamais.

Voilà pourquoi nous, représentants des peuples, devons lever encore plus haut le drapeau de la lutte contre la politique d'agression et de guerre de l'impérialisme international, les États-Unis en tête, et pour la défense de la paix mondiale.

Le peuple kamerunais, quant à lui, a déjà endossé avec courage et héroïsme sa part de responsabilité dans cette tâche commune des peuples du monde par les armes, il a conquis de haute lutte une indépendance juridique au 1er janvier 1960.

Par les armes, il poursuit actuellement, sous la direction clairvoyante de l'UPC, un combat révolutionnaire de longue haleine contre le néo-colonialisme français et ses fantoches kamerunais, pour la conquête de son indépendance véritable, pour la démocratie et le progrès social.

Tout en dirigeant la lutte armée de notre peuple contre les agresseurs français, nous ne cessons de démasquer les tentatives criminelles d'infiltration obscure et multiforme de l'impérialisme américain au Kamerun, en Afrique et dans le monde.

Nous éduquons ainsi notre peuple dans l'esprit de la haine farouche de l'impérialisme, et particulièrement de l'impérialisme américain, du patriotisme le plus ardent combiné au panafricanisme et à l'internationalisme les plus avancés.

Parce que combattants simultanés pour une cause commune et contre un ennemi commun, les peuples kamerunais et vietnamien ne peuvent que se soutenir mutuellement avec fraternité et sincérité.

Le peuple kamerunais proclame son soutien ferme, total, radical et inconditionnel au peuple frère du Vietnam dans sa lutte contre l'agression des impérialistes américains, pour la défense de la paix, pour l'édification socialiste au Nord-Vietnam, la libération nationale et sociale au Sud et la réunification pacifique de son pays !

Depuis 1919, le Kamerun a été successivement un pays sous mandat de la Société des nations, et un pays sous tutelle des Nations-unies. Fort de sa propre expérience de lutte, le peuple kamerunais sait que l'ONU, contrôlée par l'impérialisme américain, n'est qu'un ministère international des Colonies et Néo-colonies.

Aussi, ne peut-il que dénoncer avec la plus grande fermeté les noirs complots de l'impérialisme américain et du révisionnisme moderne moribond (le Mouvement de libération kamerunais souffre de ces intrigues sordides, criminelles et contre-révolutionnaires), complots consistant à utiliser de concert la plate-forme de l'ONU pour déchirer les accords de Genève sur l'Indochine, légaliser l'intervention et l'agression américaines au Vietnam, au Cambodge et au Laos, et, sous le couvert de la prétendue neutralisation du Vietnam, faire sortir la République démocratique du Vietnam du camp socialiste, c'est-à-dire de la citadelle de la paix mondiale.

Le peuple kamerunais soutient sans conditions les justes propositions du gouvernement de la République démocratique du Vietnam rappelées le 15 juillet dernier à l'occasion du 10$^{eme}$ anniversaire de la signature des accords de Genève de 1954 sur l'Indochine concernant la résolution du problème sud-vietnamien.

1. Le gouvernement des USA comme tous ceux des pays participant à la conférence de Genève de 1954 doivent faire honneur

à leurs engagements: respecter la souveraineté, l'indépendance, l'unité et l'intégrité territoriales du Vietnam et s'abstenir de toute intervention dans ce pays.

Comme le gouvernement de la RDV, les autorités du Sud-Vietnam doivent exécuter strictement les très importantes clauses militaires des accords de Genève : non-participation à une quelconque alliance militaire, interdiction d'établir des bases militaires étrangères sur le territoire vietnamien, défense d'y introduire du personnel militaire étranger.

2. Le gouvernement américain doit mettre un terme à son agression, rappeler ses troupes, retirer ses armes afin de laisser au peuple du Sud-Vietnam le soin de régler ses affaires intérieures, conformément au programme du Front national de libération du Sud-Vietnam.

3. La question de la réunification pacifique du Vietnam est l'affaire du peuple vietnamien. Elle sera réglée selon l'esprit du Programme politique du Front de la patrie du Vietnam et de celui du Front national de libération du Sud-Vietnam.

C'est là, à notre avis, l'unique solution à ce grave problème.

Chers amis et chers camarades,

Nous en sommes à la troisième et dernière phase de la crise générale du capitalisme.

Une des caractéristiques essentielles de notre époque, c'est le développement des forces révolutionnaires en Asie, en Afrique et en Amérique latine qui sont les zones de concentration des principales contradictions du monde actuel, en même temps que le maillon le plus faible de l'impérialisme.

L'ouragan révolutionnaire qui se déchaîne dans ces vastes zones bouillonnantes frappe directement l'impérialisme, les USA en tête.

Aussi, la lutte révolutionnaire des peuples *afro-asiatiques* et *latino-américains* ne sert-elle pas seulement leurs intérêts, mais aussi la cause des peuples du monde, de la paix, de l'indépendance nationale, de la démocratie et du progrès social.

On ne saurait donc aborder et résoudre correctement le problème du Sud-Vietnam qu'en fonction de son contexte naturel où le mouvement révolutionnaire des peuples en effervescence s'attaque à l'impérialisme et à l'exploitation sous ses différentes formes.

C'est pourquoi nous acclamons chaleureusement la délégation laotienne qui a proposé à notre conférence d'adopter une résolution tendant à soutenir toutes les luttes de libération nationale qui se développent dans le monde.

Chers amis et chers camarades, l'essor du mouvement de libération nationale des peuples d'Asie, d'Afrique et d'Amérique latine – et en particulier la lutte héroïque du peuple du Sud-Vietnam – n'est possible que dans l'actuelle conjoncture où il existe un puissant camp socialiste mondial.

Mais le camp socialiste n'est pas la propriété privée des peuples des pays du socialisme.

C'est, d'une part, le résultat de la lutte commune du prolétariat et du peuple de ces pays, d'autre part, le résultat de la lutte du prolétariat international, des nations et des peuples opprimés du monde.

Aussi, toutes les forces du monde luttant contre l'impérialisme, le colonialisme et le néo-colonialisme, avec les USA en tête, soutiennent-elles sans réserves le camp socialiste et considèrent-elles comme étant leurs propres succès tous les succès remportés par un ou plusieurs pays de ce camp qui est le rempart de la paix mondiale.

C'est pour cela que l'accroissement de la puissance de l'Union soviétique et de son influence dans le monde nous a toujours remplis d'enthousiasme et nous a puissamment stimulés dans notre lutte.

C'est pour la même raison que le succès du premier essai nucléaire de la République populaire de Chine est une brillante victoire pour tous les peuples du monde luttant contre la politique d'agression, de provocation à la guerre, d'oppression et d'exploitation des États-Unis, pour la défense de la paix.

Les peuples du monde ont acclamé cette bonne nouvelle qui les remplit d'allégresse et de fierté.

Chers amis et chers camarades,

D'aucuns se mettent en tête que, devant la force colossale du camp socialiste qui s'est développé puissamment au point de vue économique et militaire, l'impérialisme – surtout l'impérialisme américain – n'est plus l'ennemi n°1 de la paix, ni le bourreau des peuples, mais une brebis docile, se laissant mener par une politique de coopération internationale, sous le signe de la paix, de la liberté et de la prospérité.

Mais hélas ! "C'est trop beau pour être vrai !" comme s'était écrié un grand physicien français.

Devant les crimes sanglants et les atrocités inouïes des impérialistes américains au Sud-Vietnam, au Congo (Léopoldville), à Cuba et dans de nombreux autres pays du monde, toutes ces élucubrations, fondées sur une ligne politique de coexistence pacifique, de compétition pacifique, de période de transition pacifique et de négociations pacifiques, ne sont que pure illusion sous la lumière éclatante des tropiques : pire encore, c'est ni plus ni moins de l'opium concentré pour endormir la vigilance des peuples.

Pour terminer, permettez-moi, chers amis et chers camarades, de souhaiter le plus brillant succès à notre conférence qui revêt d'ores et déjà une importance historique.

A bas l'impérialisme américain !

Vive le Front national de libération du Sud-Vietnam !

Vive le président Ho Chi Minh, éminent leader des nationalités du Vietnam, oncle éminent des peuples opprimés du monde !

Vive la paix mondiale ! »

Le constat est formel ! Les autorités diplomatiques vietnamiennes et africaines doivent résolument réchauffer leurs relations autrefois vivaces et engagées. Le temps n'est plus aux hésitations. Le potentiel de la coopération Afrique – Vietnam est tellement immense qu'aucun aspect ne doit être négligé, y compris celui concernant la politique.

## Sur le plan politique

Subjugué d'admiration par la capacité économique du Vietnam à se hisser hors du sous-développement en un temps record, il m'était inconcevable de ne pas m'intéresser à la politique révolutionnaire qui a permis cette transformation. Malgré une certaine littérature foisonnante sur internet annonçant le déluge à quiconque s'intéresse à la politique au Vietnam, la décision fut prise d'explorer cette voie.

Au bout de cette démarche, j'entendis alors parler pour la première fois de la politique du « Đổi mới », Đổi pour « changer » et « mới » pour « nouveau ». Autrement dit, la « politique du renouveau ». A plus d'un titre, ce groupe de mots « politique du renouveau » avait une saveur connue, et sonnait comme du déjà entendu quelque part en Afrique, notamment au Cameroun, mon cher et beau pays. En effet, la pensée politique du régime au pouvoir au Cameroun est aussi déclinée et baptisée comme la « politique du renouveau ».

J'appris que c'est en décembre 1986 lors du sixième congrès du Parti communiste à Hanoï que fut déclarée l'ouverture du « Doi Moi ». Or, un an plus tard, en 1987, paraissait, au Cameroun, l'ouvrage du président de la République Paul Biya *Pour le libéralisme communautaire*, dans lequel il énonçait sa pensée politique du « Renouveau ». Hasard ou coïncidence ?

En outre, j'appris également que l'un des principaux objectifs de la politique du « Doi Moi » était de faire passer le Vietnam d'une économie planifiée à une économie de marché. Or, au Cameroun, la politique du « renouveau » a pour principal objectif la relance économique basée « sur le souci d'efficacité [37] » planifiée du marché. Simple hasard ou pure coïncidence ?

---

[37] Paul BIYA, *Pour le libéralisme communautaire*, Favre, 1987, P.125.

De ce parallèle, il ressort que la vision politique du Vietnam n'est pas incompatible avec celle de certains pays d'Afrique. Cette similitude, fût-elle minime et indicative, est un autre prétexte pour le rapprochement du Vietnam et de l'Afrique. D'ailleurs, lors de la 24e session ordinaire de la conférence de l'Union africaine tenue à Addis-Abeba, du 30 au 31 janvier 2015, les chefs d'État et de gouvernement de l'Union africaine (UA) ont adopté l'*Agenda 2063*.

Cet *Agenda,* qui se veut être le « Đổi mới » de l'Afrique, est « à la fois une vision et un plan d'action [...] pour construire une Afrique prospère et unie[38]... ».

Les piliers de ce « renouveau africain » définis dans l'*Agenda 2063* se traduisent par le slogan: « l'Afrique que nous voulons ». En effet, pour *2063*, l'*Agenda* veut :

1. « Une Afrique prospère fondée sur une croissance inclusive et un développement durable;
2. Un continent intégré, politiquement uni, basé sur les idéaux du panafricanisme et sur la vision de la renaissance de l'Afrique;
3. Une Afrique où règnent la bonne gouvernance, la démocratie, le respect des droits de l'homme, la justice et l'État de droit;
4. Une Afrique pacifique et sécurisée;
5. Une Afrique dotée d'une identité, d'un patrimoine commun, de valeurs partagées et d'une éthique culturelle forte;
6. Une Afrique où le développement est axé sur les populations, et s'appuie notamment sur le potentiel des femmes et des jeunes;
7. Une Afrique en tant qu'acteur et partenaire fort, uni et influent sur la scène mondiale[39]. »

---

[38] http://www.un.org/fr/africa/osaa/peace/agenda2063.shtml (vu le 24/10/17).
[39] *Op. cit.*

# Perspectives et enjeux

## Ouverture et intensification des réseaux de représentations diplomatiques

A ce jour, sauf changement intervenu, le Vietnam dispose de 9 ambassades en Afrique sur les 54 pays que compte ce grand continent. En retour, 8 ambassades *africaines (Afrique du Sud, Algérie, Angola, Egypte, Maroc, Mozambique, Nigéria et Lybie)* sont présentes au Vietnam en plus des 3 autres missions non résidentes *(Rwanda, Tanzanie, Zambie)* basées à Pékin en Chine. Constat : le réseau diplomatique entre ces deux ensembles est insuffisant.

L'Afrique centrale, par exemple, n'est pas couverte, abstraction faite du Nigéria voisin. Le Vietnam et les pays africains sont donc appelés à ouvrir réciproquement des ambassades et consulats. Ces missions diplomatiques, d'une part, faciliteraient les démarches de délivrance de visas aux usagers et, d'autre part, porteraient mieux assistance aux entreprises par la collecte et la diffusion d'informations administratives, commerciales et juridiques.

Après son lancement au Cameroun, l'entreprise téléphonique *Viettel* a rencontré de nombreuses difficultés. L'absence d'une mission diplomatique vietnamienne au Cameroun laissait croire qu'elle avait été abandonnée par son gouvernement. Heureusement, en marge de la 70$^{e}$ Assemblée générale de l'ONU, s'est tenue, le 27 septembre 2015, une rencontre informelle entre les ministres des Affaires étrangères camerounais et vietnamiens. Elle a permis d'apaiser les conflits. Il est difficile pour les investisseurs d'évoluer dans un environnement ne protégeant pas leurs intérêts. C'est une impérative nécessité pour les États vietafricains de renforcer aussi bien leur coopération juridique que diplomatique.

## Promotion de la diplomatie culturelle et/ou mémorielle

Même s'il est douloureux sur bien des points, le Vietnam doit capitaliser son passé historique et héroïque et en tirer profit pour atteindre le marché africain. Les Africains sont emplis de respect, d'admiration et de considération pour le Vietnam, ce Petit Poucet qui a tenu tête et vaincu les plus grandes nations impérialistes de ce monde, motivant ainsi toutes les anciennes colonies à prendre en main leur destin. Malgré cette affection, de nombreux Africains ne peuvent hélas pas, pour des raisons économiques mais aussi d'attribution restreinte de visas, se déplacer au Vietnam pour visiter et admirer les lieux de mémoire, de commémoration et les nombreux musées, monuments, mausolées et vestiges consacrés à la guerre du Vietnam ainsi qu'aux hommes et femmes qui l'ont menée.

C'est donc au Vietnam de faire la démarche inverse en venant, d'une part, auprès des Africains par l'entremise des expositions et des actions promotionnelles. Des « journées portes ouvertes sur le Vietnam » pourraient, d'autre part, servir aux projections cinématographiques suivies de la présentation des objets et vestiges de guerre.

Cela prendrait la forme d'un musée volant et itinérant de la guerre du Vietnam, parcourant les capitales et grandes villes africaines. Pour optimiser une telle campagne, chaque étape devrait être couplée à une « foire économique et industrielle vietnamo-africaine » mettant en rapport les opérateurs économiques africains et vietnamiens désireux d'entrer en relations d'affaires. Ce serait aussi une occasion d'attirer un large public de forains et de visiteurs.

## Sensibilisation des candidats au voyage

Les principales infractions reprochées aux Africains au Vietnam sont le trafic de drogue et la cybercriminalité. Inversement, plusieurs Vietnamiens ont été mis en cause en Afrique dans le trafic des espèces fauniques protégées.

Il appartient à chaque partie de sensibiliser ses ressortissants sur le respect des lois où qu'ils soient. Les Africains doivent savoir que le Vietnam a l'une des « législations anti-drogue parmi les plus dures au monde[40]. » Le Code pénal vietnamien prévoit la peine de mort pour 29 infractions jugées « extrêmement graves » telles que l'assassinat, le terrorisme, la corruption (le fait de recevoir indûment 300 millions de dong, soit 14 300 $ ou plus) et le trafic de drogue.

Dans un discours prononcé lors de la journée du Vietnam à la 24e Foire internationale d'Enugu (Nigéria), l'ambassadeur d'alors du Nigéria au Vietnam, son Excellence Mazi Mathias Orji Okafor, appelait ses concitoyens à « ne se rendre au Vietnam, que s'ils y vont pour acheter et vendre[41] ». Il précisera que tous ceux qui y vont « par terre, air ou mer » pour trafic ne peuvent se cacher longtemps car les autorités vietnamiennes « sont plus intelligentes et efficaces » et ils « seront arrêtés et sévèrement punis » conformément à la loi.

En effet, d'après le Code pénal vietnamien, « toute personne trouvée en possession de plus de 100 grammes d'héroïne ou de cocaïne, ou bien de plus de 5 kilos d'opium, ou encore de plus de 75 kilos de cannabis, est passible d'une peine de prison à

---

40 Disponible sur l'URL : http://fr.sputniknews.com/french.ruvr.ru/news/2015_01_20/Vietnam-huit-trafiquants-de-drogue-condamnes-a-mort-8500/ (consulté le 15/12/15).

41 URL : http://dailypost.ng/2013/03/19/26-nigerians-are-languishing-in-vietnam-prisons-ambassador-okafor/ (vu le 15/12/15).

perpétuité ou de la peine de mort.[42] » En sus, « la production ou la vente de 100 grammes d'héroïne ou 300 grammes d'autres stupéfiants illicites est également punissable par la mort[43] ». A bon entendeur…

Le gouvernement vietnamien doit sensibiliser ses ressortissants à plus de responsabilités et d'éthique dans les affaires en Afrique. Il doit les inciter à éviter les activités dangereuses mettant en péril la sécurité des États et la biodiversité. Du fait de la forte croyance au Vietnam que les cornes d'animaux seraient de puissants aphrodisiaques favorisant une activité phallique indescriptible, la demande de ces produits a explosé. Pour répondre à ce besoin, certains se sont convertis dans la vente des cornes des espèces rares et protégées telles que les rhinocéros et les éléphants d'Afrique. Cette activité malsaine encourage le braconnage transfrontalier.

En guise de réponse, le gouvernement vietnamien use de méthodes fortes de dissuasion. En 2008, il avait rappelé la première secrétaire de son ambassade en Afrique du Sud, Mme Vu Moc Anh, « après que son implication dans un trafic illégal de cornes de rhinocéros eut été révélée par une émission de télévision locale[44]. » Auparavant, le Vietnam ne s'était pas opposé à « l'arrestation d'un attaché commercial » de ladite ambassade impliqué pour les mêmes faits.

---

[42] Vu sur l'URL : http://lecourrier.vn/huit-condamnes-a-mort-pour-trafic-de-drogue/406437.html (consulté le 23/07/2017).

[43] http://www.talkvietnam.com/2015/08/vietnam-court-overturns-death-penalty-for-nigerian-drug-mule/.

[44] Disponible sur le site http://blog.vietnam-aujourdhui.info/post/2008/11/20/Le-Vietnam-rappelle-une-diplomate-de-son-ambassade-en-Afrique-du-Sud (consulté le 24.02.16).

## Protection réciproque des ressortissants vietafricains

L'insuffisance des représentations diplomatiques de part et d'autre a pour conséquence la protection insuffisante des droits et de l'intégrité des Vietafricains. On a en mémoire, entre autres, la violation des droits des travailleurs vietnamiens en Algérie en 2015 et les conflits de leadership au Cameroun entre les partenaires vietnamiens et camerounais de *Viettel*. Outre l'intervention des diplomates, les autorités des États hôtes, quels qu'ils soient, devraient également œuvrer pour protéger les résidents vietafricains. Ceci n'est pas un appel à l'impunité, ni encore un blanc-seing aux trafics de tout genre tant pour les Vietnamiens que pour les Africains véreux. Il s'agit juste de s'assurer que les droits des personnes mises en cause dans une affaire, quelle qu'elle soit, soient respectés.

Au Vietnam, il est regrettable de voir comment la presse locale traite les faits divers mêlant les communautés africaines. Quelquefois, le traitement des informations se fait avec trop d'amalgames, ce qui, naturellement, fait croire à certains Vietnamiens que presque tous les Africains sont des brigands. Il me souvient qu'alors nouvellement installé, je me rendis dans une enseigne de supermarché bien connue du Vietnam pour mes approvisionnements. A mon retour, le conducteur du taxi, emprunté pour me déposer à mon domicile, m'assaillit de questions durant tout le parcours, dans une sorte de « broken english ». Tout d'abord, il me demanda quels étaient mon âge, mon nom, ma nationalité, mon statut matrimonial, puis, il embraya sur ma raison d'être au Vietnam.

Tout à coup, il voulut savoir si j'étais footballeur (bong da), je lui répondis non, diplomate ? Ce fut encore un non, homme d'affaires ? Bien sûr, il reçut un autre non. Après un très long moment de silence assez dubitatif, il se retourna vers moi, et me dit avec un ton très assuré: « si vous n'êtes ni footballeur, ni diplomate, ni homme d'affaires, alors vous êtes certainement un voleur ou un trafiquant de drogue. » Car pour lui, j'étais suspect. Acheter autant de produits et se faire déposer en taxi dans un quartier chic voisin du mausolée Hô Chi Minh dans le district de Dong Da renforçaient ses suspicions. Je compris tout de suite qu'il y avait un amalgame sur l'intégrité de la communauté africaine au Vietnam. Juste conséquence de la connaissance insuffisante entre ces deux peuples amis.

Fort heureusement, la « Nigeria Union in Vietnam[45] » (NUV), entendez l'Association des Nigérians du Vietnam qui est l'une des seules associations africaines très actives regroupant les ressortissants du Nigéria, mène depuis, peu par l'entremise de son président « Solomon Bamidele Junior[46] », une campagne d'explication auprès des principaux organes de presse du Vietnam. Elle envoie des droits de réponse systématiques quand elle constate un traitement partial et déséquilibré d'une information relative aux Nigérians, voire aux Africains. Il faut le dire, les journalistes vietnamiens donnent peu la parole aux Africains sur des sujets qui pourtant les concernent et ne font parler que leurs perceptions péjoratives de l'Afrique et des Africains. Vivement, de part et d'autre, il est temps de voir émerger au Vietnam de nouveaux journalistes spécialisés sur l'Afrique et vice versa.

---

[45] Disponible sur http://nuvietnam.blogspot.fr/ (consulté le 16/09/14).
[46] Vu sur : http://www.solomonbamidele.com/ (consulté le 16/09/14).

## Favoriser et promouvoir des associations d'amitié entre l'Afrique et le Vietnam

La création des associations d'amitié Vietnam-Afrique qui se déclineront en antennes dans chaque pays est un bon levier de maillage de l'Afrique. Ces associations réuniront en leur sein toute personne intéressée par la culture et/ou les opportunités d'affaires qu'offre le Vietnam ou encore pour tout autre projet en lien avec le Vietnam. Ces associations officiellement reconnues au Vietnam et dans leurs pays africains respectifs seront des interlocutrices valables entre leurs membres personnes physiques et/ou morales du pays d'origine et les autorités respectives du pays hôte. Elles serviront de facilitatrices pour des procédures administratives, consulaires, douanières et autres. Elles pourront s'appuyer, par exemple, sur des communautés de descendants de Vietnamiens issus de la guerre que l'on peut rencontrer dans certains pays d'Afrique.

Ces associations contribueront ainsi à promouvoir les échanges amicaux et culturels entre les peuples et les échanges commerciaux entre les partenaires d'affaires. Elles pourront aussi être des instances d'arbitrage et de résolution de conflits entre partenaires. C'est dans cet esprit qu'un groupe d'amis amoureux et passionnés du Vietnam ont créé, depuis 2013, l'association « Club des Amis du Vietnam » en abrégé CAMVIET enregistrée en France, au Cameroun et dans plusieurs autres pays africains et dont l'objectif est « la recherche vietnamologique et la promotion du Vietnam ». L'une des activités du CAMVIET est de promouvoir un volet économique des relations afro-vietnamiennes.

# Economie

« La réalité nous a montré que le Vietnam et l'Afrique pouvaient tout à fait se compléter pour un développement économique commun ».

**Hua Duc** NHI, président de l'association d'amitié et de coopération Vietnam-Afrique, discours de célébration du cinquantenaire de l'Union africaine, à Hanoï, le 24 mai 2013.

## Une économie complémentaire

Les relations économiques entre le Vietnam et l'Afrique, bien qu'anciennes, sont encore balbutiantes et tardent à prendre véritablement leur envol. D'après le Bureau Afrique (FORUM) de la chambre de commerce et d'industrie du Vietnam (CCIU), « les exportations vietnamiennes vers l'Afrique ne représentent qu'1% du chiffre d'affaires à l'exportation du Vietnam et 0,1% de la valeur totale des importations du continent africain ». Ce qui est aux antipodes du réel potentiel des marchés vietnamien et africain.

Il m'est souvent arrivé de rencontrer des hommes d'affaires vietnamiens et leurs partenaires africains. De nos conversations, il ressortait que la rencontre entre ces derniers s'était faite de manière fortuite et informelle, soit par l'intermédiaire de tiers ou d'internet, soit par la providence lors de voyages. Conclusion, il manque un instrument d'information et de mise en relation des hommes d'affaires africains et vietnamiens qui souhaiteraient commercer ensemble.

Très longtemps, pour les raisons historiques que l'on sait, le Vietnam s'était fermé au monde. En revanche, dès son ouverture sur le concert des nations et son adhésion à l'OMC en janvier 2007, le gouvernement vietnamien avait identifié l'Afrique comme un véritable potentiel. En conséquence, il a financé plusieurs voyages de contacts et d'études de marché sur le continent. Malgré ces initiatives, le marché africain lui échappe encore. Or, ces deux ensembles sont économiquement complémentaires. Le Vietnam a autant besoin de l'Afrique que l'Afrique a besoin du Vietnam.

Traditionnellement, le Vietnam a besoin de l'Afrique pour les produits suivants : la noix de cajou, le coton, les débris d'acier (métaux), le bois, l'essence et le pétrole. Logiquement, l'Afrique a besoin du Vietnam pour le riz, les produits manufacturés et le transfert des technologies pour la construction d'unités de transformation et le développement du secteur quaternaire, à prix raisonnable.

L'Afrique abrite le deuxième bassin de forêt tropicale après celui de l'Amazonie. Pétrole, bois, diamant, bauxite, coton, café, cacao et plein d'autres, sont autant de matières premières dont elle regorge. Toutes ces richesses, en revanche, lui rapportent peu. Du fait de l'insuffisance des industries de transformation, ces produits sont exportés à l'état brut. Pire encore, les différents accords léonins signés, d'une part, et les programmes d'ajustement structurel imposés, d'autre part, empêchent l'Afrique d'avoir la maîtrise de la fixation des prix de ses matières premières. La Côte d'Ivoire, par exemple, est le premier producteur de cacao au monde. Mais le paysan qui le produit ne sait jamais si le prix en cours pendant les semis sera le même à la récolte. Ironie du sort, en plus de ne rien comprendre sur le mécanisme de fixation des prix, ce dernier, par indigence, ne peut s'offrir une tablette de chocolat issue de la transformation de son cacao en Occident. Le partenariat avec le Vietnam doit concourir à bâtir sur le continent de véritables unités de transformation qui connecteront l'agriculture à l'industrie moderne. En plus des emplois créés, les produits exportés seront transformés sur place et exportés en semi-finis ou finis et, par conséquent, créeront de la valeur ajoutée.

La Chambre du commerce et de l'industrie du Vietnam (CCIV) en partenariat avec le Centre international du commerce (CIC), sous les auspices de l'Organisation internationale de la Francophonie (OIF), a organisé plusieurs forums économiques pour renforcer la coopération économique entre le Vietnam et l'Afrique. Même si de bonnes résolutions ont été prises lors de ces sommets, leur mise en œuvre effective est encore attendue.

Le Vietnam et les pays francophones de l'Afrique présentent un taux de croissance élevé et leur balance commerciale est en nette amélioration progressive. D'après *Le Courrier du Vietnam*, « les relations commerciales entre les pays francophones du Mékong, de la CEMAC (Communauté économique et monétaire de l'Afrique centrale) et de l'UEMOA (Union économique et monétaire ouest-africaine) n'ont jamais autant progressé ». Les tableaux ci-dessous témoignent de la bonne santé de ces échanges commerciaux en évolution.

*Le commerce bilatéral entre le Vietnam et l'UEMOA au cours de la période 2007-2014*[47].

Unité: en millions de US $

| | 2007 | 2008 | 2009 | 2010 | 2011 | 2012 | 2013 | 2014 |
|---|---|---|---|---|---|---|---|---|
| Exportations VN - UEMOA | 92.4 | 247.3 | 298.3 | 269.2 | 402.7 | 361.8 | 382.8 | 293.3 |
| Importations du VN - UEMOA | 88.2 | 189.4 | 130.6 | 246.5 | 405.8 | 307.0 | 552.4 | 560.8 |
| Total | 180.6 | 436.7 | 428.9 | 515.7 | 808.5 | 668.8 | 935.2 | 854.1 |

*Le commerce bilatéral entre le Vietnam et la CEMAC au cours de la période 2007-2014.*

Unité: en millions de US $

| | 2007 | 2008 | 2009 | 2010 | 2011 | 2012 | 2013 | 2014 |
|---|---|---|---|---|---|---|---|---|
| Exportations VN - CEMAC | 37.6 | 80.5 | 70.7 | 79.7 | 139.4 | 94.36 | 153.65 | 64.72 |
| Importation s VN - CEMAC | 27.4 | 67.2 | 68.7 | 94.9 | 127.7 | 122.2 | 155.84 | 276.1 |
| Total | 65.0 | 147.7 | 139.4 | 174.6 | 267.1 | 216.5 | 309.4 | 340.8 |

*Source: General Department of Vietnam Customs*

C'est certain, le reconnaît Charles Sirois, « les 20 prochaines années seront celles de l'Afrique! » Tous les analystes économiques, Guy Gweth, président du Centre africain de veille et d'intelligence économique (CAVIE), le premier, sont unanimes sur le fait que « l'Afrique connaît un décollage économique fulgurant depuis quelques années ». Cette lancée offre une multitude d'occasions d'affaires pour les entreprises vietnamiennes.

---

47 http://www.vietrade.gov.vn/en/index.php?option=com_content&view=article&id=2380:africa-potential-market-for-both-vietnams-export-and-import&catid=20:news&Itemid=287.

Malgré ce boom économique qu'on leur prédit, les investisseurs vietnamiens ne doivent pas perdre de vue que de nombreux risques et lacunes persistent en Afrique :

- Une production insuffisante de l'énergie électrique à l'origine de nombreux « délestages » quotidiens, qui constitue un frein à la production ;
- Une corruption et un détournement de fonds publics endémiques qui plombent la compétitivité ;
- Un chômage massif de jeunes peu ou pas qualifiés qui constitue une main-d'œuvre à former ;
- Une application et un respect insuffisants du droit, ce qui offre une protection juridique et judiciaire insuffisante des investissements ;
- Des procédures de création d'entreprises compliquées avec une pluralité d'intermédiaires et d'institutions dans le processus ;
- Un faible taux de bancarisation : peu de personnes ont un compte bancaire et les banques accordent peu de crédits ;
- Des pénuries de ressources essentielles comme l'eau, à l'origine de certaines émeutes comme celles de Douala au Cameroun et de Dakar au Sénégal en 2008 ;
- Une faible couverture sanitaire, qui expose le plus souvent l'Afrique à des épidémies telles qu'Ébola… ;
- Une instabilité politique : de nombreux conflits tribaux, religieux, ethniques et politiques sont sources de déstabilisation du tissu social et économique ;
- Un système éducatif inadéquat : les cursus de formation ne sont pas adaptés à l'évolution des métiers et du monde ;
- La négligence de l'agriculture : environ 80 % de la population africaine est rurale. Or, l'agriculture est déconsidérée et non mécanisée.

Certains points sus-cités sont partagés avec le Vietnam qui fait face à la violation des droits de propriété intellectuelle et à la faiblesse des structures financières. S'y ajoutent l'inflation du cours de sa monnaie et l'indélicatesse de certains hauts fonctionnaires et cadres. Contrairement aux élites africaines impunies qui narguent le petit peuple, le Vietnam réprime sévèrement toute atteinte à la fortune publique. « L'opération mains propres », que mène le gouvernement de Hanoï, permet l'exclusion d'office du parti communiste de tout prévaricateur de la fortune publique suivie de sa mise à disposition à la justice.

Toutefois, les gouvernements africain et vietnamien mènent respectivement des réformes de fond pour juguler tous ces maux et faciliter l'investissement des capitaux aussi bien nationaux qu'internationaux pour de meilleures perspectives.

## La monnaie, instrument de pouvoir au service de la croissance et du développement

« La monnaie est l'attribut de toute souveraineté nationale car de son allocation dépend le futur que l'on veut donner à son pays [48] .» Dès son indépendance, le Vietnam comprit que l'autonomie juridique seule ne confère pas la pleine souveraineté. En visionnaire, le président Hô signa d'importants textes:

- un arrêté le 31 janvier 1946, portant sur l'émission de la monnaie de la République démocratique du Vietnam appelée *vietnam dong,* suivi le 30 novembre 1946 par la mise en circulation des premiers billets de v*ietnam dong.*
- un décret le 6 mai 1951, créant une Banque centrale : la *Banque d'Etat du Vietnam*, la banque des banques.

La décision du Président Hô de battre une monnaie nationale par les Vietnamiens fait suite à un contexte trouble. En effet, l'ensemble de l'économie vietnamienne était contrôlé par la « Banque de l'Indochine[49] », une banque privée française fondée en 1875 et disposant à cette époque du monopole de la frappe et de l'émission de la *piastre indochinoise*, l'unité monétaire de l'Indochine française d'alors.

Lors de la reddition des Japonais du Vietnam, ces derniers émirent de manière « sauvage » des grosses coupures de *piastres* qu'ils emportèrent avec eux par « caisses de billets de banque neufs » dans l'optique de les changer plus tard afin d'en tirer une plus-value. Dans la confusion, de nombreuses caisses

---

[48] Jean CHEMINADE, (candidat à l'élection présidentielle France-2012 & 2017), *Du franc CFA à l'euro : Joseph Tchuindjang Pouemi, monnaie, servitude et liberté,* URL : http://jacquescheminade.fr/Du-franc-CFA-a-l-euro-Joseph-Tchundjang-Pouemi-monnaie-servitude-et_00889 (consulté le 29/08/2017).

[49] Accessible sur l'URL http://saigon-vietnam.fr/saigon_fr3.php (consulté le 29/08/2017).

de ces billets furent captées par les Chinois, les soldats « marocains » et « africains », mais aussi par le « Viet-Minh ». C'est l'affaire ou le scandale dit « des billets de 500 piastres ». Conscientes du danger que représentait ce butin entres les mains du Viet-Minh, les autorités coloniales françaises exerceront leur « pouvoir monétaire » afin d'empêcher le Viet-Minh de faire usage de cet argent pour acheter des armes. C'est le « désarmement financier [...] du Viet-Minh[50] ». Sur l'initiative du haut fonctionnaire François Boch-Lainé, les Français prendront, le 17 novembre 1945, deux mesures pour affaiblir la *piastre* et déstabiliser le Viet-Minh :

- La démonétisation des grosses coupures de *piastre* (500) en circulation qui perd ainsi sa valeur.
- L'arrimage de la parité de la *piastre* à celle du *franc CFA* utilisé en *Afrique française*. Désormais, 1 *franc CFA* = 1,70 *franc* et 1 *piastre* = 17 *francs* alors que sa parité était traditionnellement établie à 10 *francs*.

Les émeutes causées par cette dépréciation monétaire mèneront, le 6 mars 1946, à la signature des accords « Hô-Sainteny » à Hanoï, entre la France et le Viet-Minh. Ces accords reconnaissent le Vietnam comme un « État libre » et non indépendant « au sein de l'Union française ». C'est sur ce fondement que Hô Chi Minh signera les textes susvisés pour parachever la *liberté* du Vietnam et consacrer son pouvoir régalien de battre monnaie.

On dit, « il n'y a pas d'État sans capacité de battre monnaie[51]. » Or, le Vietnam bat sa monnaie et sa stabilité est assurée par sa Banque centrale. Donc, c'est un véritable État, libre et développé. Les anciennes colonies africaines, en l'occurrence francophones, ont-elles le même destin ?

---

[50] Hughes TERTRAIS, Le Piastre et le fusil (extrait), p.26 disponible sur http://books.openedition.org/igpde/3322?lang=fr (vu le 29/08/2017).
[51] Kako NUBUKPO, co-auteur de Sortir l'Afrique de la servitude monétaire (Ed. La Dispute) interview donnée sur TV5 64', le monde en français, 2e partie Grand angle : franc CFA, l'Afrique avec un fil à la patte (13/12/2017).

A l'opposé du Vietnam qui a victorieusement « arraché » son indépendance, la majorité des anciennes colonies d'Afrique francophone ont plutôt « négocié » la leur. En conséquence, elles n'ont pas eu le courage politique de se sevrer du joug monétaire de la France en abandonnant le « Franc de la Colonie française d'Afrique » (*franc CFA*) créé par le décret n° 45-0136 du 25 décembre 1945 signé du général De Gaulle et fixant la valeur des monnaies des territoires d'outre-mer libellées en *francs*.

Le sigle FCFA a évolué dans le temps. D'abord franc des « Comptoirs français d'Afrique » puis franc des « Colonies françaises d'Afrique », il signifie aujourd'hui franc de la « Communauté financière africaine » dans l'UEMOA et franc de la « Coopération financière en Afrique centrale » dans la CEMAC.

Plutôt que de remettre en cause ce système monétaire colonial dépassé et de s'affranchir de l'aliénation de la « zone franc », les autorités des 14 pays qui en font encore partie ont préféré formaliser leur subordination dans deux traités signés avec la France en 1959 et 1962 stipulant que :

- « La France garantit la convertibilité illimitée du *franc CFA* et du *franc comorien* vers toute monnaie étrangère ;
- Le taux de parité avec la monnaie française – d'abord le *franc*, puis l'*euro* – est fixe ;
- Les transferts de capitaux à l'intérieur de la zone monétaire sont libres et gratuits ;
- En contrepartie de ces trois premiers principes, 50% des réserves de change des pays de la zone monétaire en *francs CFA* et 65% des réserves du *franc comorien* sont déposées sur un compte d'opération de la Banque de France, à Paris[52].»

---

[52] Simon AUFRRET, *Le Monde* [en ligne], URL : http://www.lemonde.fr/les-decodeurs/article/2017/02/22/confusions-autour-d-un-impot-colonial-et-du-franc-cfa_5083833_4355770.html (consulté le 29/0/2017).

« Selon un rapport de la zone franc, la BEAC (Banque des Etats de l'Afrique centrale) et la BCEAO (Banque centrale des Etats de l'Afrique de l'Ouest), les deux banques centrales de la zone franc, disposaient, en 2005, de plus de 3 600 milliards de francs CFA (environ 72 milliards d'euros) auprès du Trésor français[53]. » Comment ces pays peuvent-ils se développer s'ils se font prélever un « impôt colonial » ? L'utilisation de ces réserves est suffisante pour financer une partie de leur développement.

« Le *franc CFA* est la seule monnaie héritée d'un système colonial encore en vigueur dans le monde ». Près de 55 ans après les indépendances, les pièces de monnaie et les billets de banque du *franc CFA*, soi-disant *monnaie africaine,* sont encore « fabriqués en France[54] ». Les pièces sont frappées dans l'usine de Pessac en Gironde et les billets dans le Puy-de-Dôme (papeterie de Vic-le-Comte) à Chamalières.

Autrefois, siégeaient au Conseil d'administration l'instance suprême de décision des banques centrales africaines, des administrateurs *africains* et *français*. Ces derniers avaient « les mêmes attributions » avec un « droit de veto[55]. » Ils n'y sont plus. En revanche, on les retrouve au Comité de politique Monétaire. En vertu de l'article 39 des statuts de la BEAC, *deux Français* font partie des 14 membres délibérants de cet organe.

En résumé, le franc CFA n'appartient pas aux Africains.

---

[53] Interview de Kako NUBUKPO recueillie par Raoul Mbog, URL : http://www.lemonde.fr/afrique/article/2015/07/08/le-franc-cfa-freine-le-developpement-de-l-afrique_4675137_3212.html (consulté le 29/08/2017).

[54] Dr Séraphin PRAO YAO, Le franc CFA, une monnaie coloniale qui retarde l'Afrique, URL : https://www.legrandsoir.info/Le-franc-CFA-une-monnaie-coloniale-qui-retarde-l-Afrique.html (vu le 29/08/2017).

[55] Pr Nicolas AGBOHOU, disponible sur https://cotedivoireinfo.wordpress.com/2013/06/10/le-focntionnement-du-franc-cfa-larme-monetaire-de-la-france-contre-lafrique-freegbagbo-hollande-rfi-syrie/ (vu le 29/088/2017).

Pour l'économiste camerounais, *Joseph Tchuindjang Pouemi,* « le franc CFA est en fait un instrument de la permanence de la colonisation française en Afrique[56]. » D'après lui, « la France est le seul pays au monde à avoir réussi l'extraordinaire exploit de faire circuler sa monnaie, et rien que sa monnaie, dans des pays politiquement libres ».

Certains pays africains, qui ont choisi, lors de l'indépendance ou après, de quitter la *zone franc coloniale,* ont amorcé un développement considérable, en l'occurrence l'Algérie (1963), le Maroc (1959) et la Tunisie (1958). D'autres, en revanche, ont connu des fortunes diverses, c'est le cas de la Mauritanie (1973), de Madagascar (1973) et de la Guinée-Conakry (1958). Enfin, le Mali, qui l'a quittée en 1962, l'a réintégrée en 1984.

Parmi les 25 pays les plus pauvres du monde classés en 2016 par le FMI selon le PIB par tête, 21 sont africains et 7 sont de la zone franc CFA. Autrement dit, le *franc CFA* est une « monnaie de servitude » et de pauvreté qui handicape le développement des pays membres. D'où l'appel lancé en août 2015 par le président Idriss Déby du Tchad : « le moment est venu de couper ce cordon qui empêche l'Afrique de décoller».

Mais ce dernier est contredit par ses pairs du camp de la « servitude monétaire ». D'abord par le président Alassane Ouattara de la Côte d'Ivoire. Le 31 août 2017, sans avoir au préalable consulté les « Africains », il dira sur le parvis de l'Elysée que « le franc CFA est une monnaie qui rend service aux Africains ». Ensuite par le président Macky Sall du Sénégal, qui ne fit rien contre l'expulsion de l'activiste Kémi Séba du Sénégal vers la France le 6 septembre 2017, parce que ce dernier brûla un billet de 5000 fCFA le 19 août 2017 en guise de protestation anti-fCFA. Alors que les Africains ont du mal à s'accorder, le ministre français Michel Sapin leur rappelle que la décision de rupture du lien monétaire avec la France

[56] Joseph TCHUINDJANG POUEMI, Monnaie, servitude, liberté : la répression monétaire en Afrique (1980).

« appartient aux Africains » et «dépend de leur volonté ».

Le *franc CFA* est une « monnaie satellite » du *franc* (euro) comme le fut jadis le *franc* au *reichmark* sous l'occupation allemande. La monnaie étant un « instrument du pouvoir [57]» mais aussi un « instrument de pouvoir », l'Allemagne, après sa victoire militaire sur la France en 1940, va lui « imposer un véritable diktat militaire monétaire [58]» avec un taux de change spoliateur et avantageux pour les nazis. Par ce système, les Allemands « organisent avec méthode et efficacité la ponction sur l'économie française [59] ». Après la capitulation allemande du 8 mai 1945, la France retrouvera sa souveraineté monétaire. La même année, elle imposera à son tour le système allemand de « spoliation monétaire » nazie à ses colonies sous le couvert de la « garantie de la convertibilité monétaire ».

Le v*ietnam dong* n'est pas une monnaie convertible, or, le Vietnam est un dragon économique. Le *naira* n'est pas non plus une monnaie convertible, pourtant, le Nigeria est un géant économique, la *roupie* ne l'est pas plus, cependant, l'Inde est une puissance économique. Le *pula botswanais* n'est pas non plus convertible, pourtant, le Botswana est une réussite économique dont on ne parle pas assez. Concrètement, le développement de l'Afrique passe par l'abandon de la « monnaie coloniale ». Mais ceci ne sera efficace que si cette sortie est couplée à une bonne gouvernance des « élites africaines » au pouvoir. Depuis le départ des puissances coloniales, certaines élites africaines se sont impatronisées et substituées aux colons. Elles ont délaissé l'intérêt général des populations en mettant leur intelligence au service du pillage des ressources de leur pays et à leur embourgeoisement personnel.

---

[57] Jérôme BLANC, Pouvoirs et monnaie durant la Seconde Guerre mondiale en France : la monnaie subordonnée au politique (2008), p.2 URL : https://hal.archives-ouvertes.fr/halshs-00652826/document (vu le 04/09/2017)
[58] Disponible sur http://sceco.univ-poitiers.fr/hfranc/SecondGM.htm# (consulté le 04/09/2017).
[59] *Op. cit.*

# Perspectives et enjeux

## Organisation des foires itinérantes vietafricaines

La foire d'exposition vietafricaine devra être la vitrine de la coopération économique entre le Vietnam et l'Afrique, un rendez-vous des savoir-faire vietnamien et africain. Sur le continent africain, les foires-expositions itinérantes vietafricaines seront couplées aux « journées portes ouvertes sur le Vietnam » qui sont en réalité un musée volant itinérant exposant l'histoire héroïque du Vietnam. Pour atteindre ces objectifs, les foires-expositions internationales itinérantes vietnamo-africaines devront être organisées à une certaine période de l'année dans différents pays africains. Elles contribueront à renforcer la promotion commerciale et les investissements entre le Vietnam et l'Afrique.

Grâce à l'organisation de visites et de conférences thématiques, les participants apprécieront mieux le savoir-faire de ces deux peuples. En outre, la présentation des potentiels segments économiques d'investissement amènerait les opérateurs économiques désireux de faire commerce à saisir les opportunités d'affaires uniques qui s'offrent à eux.

Au Vietnam, il sera question de faciliter l'accompagnement des entrepreneurs et opérateurs économiques africains à l'organisation et à la participation aux colloques, foires-expositions de même envergure sur son territoire.

## Ouverture des bureaux d'informations et de contacts sur le Vietnam et l'Afrique

C'est la conséquence logique de l'intensification des missions diplomatiques de part et d'autre. Chaque mission ouvrira en son sein un bureau d'informations disposant des données informatives et statistiques pour aider à la décision et favoriser des coopérations. Les experts de ces bureaux pourraient, par exemple explorer les opportunités de participation aux opérations d'adjudication de projets ainsi qu'à des *joint-venture* pour des investissements dans les secteurs de l'import-export, de la production et de la coopération technologique.

Dans le même ordre d'idées, les ministères en charge, de part et d'autre, du Commerce, de l'Industrie et des Affaires pourraient créer des bureaux de représentants commerciaux en Afrique (dans les zones UEMOA, CEMAC, SADDC...) et au Vietnam. Ces bureaux devraient être capables de fournir dans les deux sens des informations sur le marché des affaires et servir de pont pour les entreprises.

## Développement de partenariats entre banques vietnamiennes et panafricaines

C'est le talon d'Achille de la coopération vietafricaine. Il ne peut y avoir de partenariat fiable sans véritable instrument financier de paiement des transactions.

La *Vietinbank*, banque commerciale par actions de l'industrie et du commerce du Vietnam, et la *Vietcombank* (VCB), la principale banque par actions du commerce extérieur du Vietnam, ont été classées aux 437e et 487e rangs parmi « les 500 premières marques bancaires mondiales en 2015[60]», d'après le cabinet britannique d'évaluation et de gestion d'actifs, « Brand Finance ». L'une de ces banques pourrait, sous la tutelle du gouvernement vietnamien, conclure des partenariats de « facilitation des instruments de paiement » avec des grandes banques commerciales africaines ayant un bon maillage des différentes « zones africaines[61] ». Parmi ces banques:

Dans la zone CEEAC (Communauté économique des États de l'Afrique centrale), 10 pays membres : Angola, Burundi, Cameroun, Centrafrique, République démocratique du Congo, Congo, Gabon, Guinée équatoriale, Tchad, São Tomé et Príncipe : *Ecobank* et/ou *Afriland first bank.*

Dans la zone CEDEAO (Communauté économique des États d'Afrique de l'Ouest), 15 pays membres : Bénin, Burkina Faso, Cap-Vert, Côte d'Ivoire, Gambie, Ghana, Guinée, Guinée-Bissau, Liberia, Mali, Niger, Nigeria, Sénégal, Sierra Leone et Togo : *Ecobank* et/ou *Afriland first bank.*

---

[60] Disponible sur http://lecourrier.vn/deux-banques-vietnamiennes-parmi-les-500-premieres-marques-bancaires-mondiales/164836.html (consulté le 16.11.15).

[61] Disponible sur http://www.jeuneafrique.com/165089/politique/cedeao-cemac-sadc-quels-sont-les-points-forts-et-les-faiblesses-des-organisations-africaines/ (consulté le 16.11.15).

Dans la zone SADC (Communauté pour le développement de l'Afrique australe), 15 pays membres : Angola, Botswana, Lesotho, Malawi, Mozambique, Swaziland, Tanzanie, Zambie, Zimbabwe, Namibie, Afrique du Sud, Maurice, République démocratique du Congo, Madagascar, Seychelles : *Ecobank* et/ou *Afriland first bank.*

Dans la zone de l'UMA (Union du Maghreb arabe) cinq pays membres : Algérie, Libye, Maroc, Tunisie et Mauritanie : *Attijariwafa bank.*

Dans la zone de la COI (Communauté de l'océan Indien) cinq pays membres : Comores, Madagascar, Maurice, Seychelles et La Réunion : *State Bank of Mauritius.*

Le développement de partenariats entre ces banques, sous la supervision des différents Etats et autres organisations internationales telles que la Francophonie, parviendra certainement à :

- harmoniser les pratiques commerciales et bancaires ;
- réduire significativement les coûts et délais de transactions financières ;
- harmoniser les modes de paiement électronique et/ou tout autre système de paiement fiable, rapide et sécurisé.

Ces ensembles de mesures donneraient un coup de neuf à l'entrain des investisseurs et à l'envol des échanges économiques.

## Création de liaisons directes de transports maritimes et aériens entre l'Afrique et le Vietnam

*Là où la route passe le développement suit*, dit l'adage. Or, entre le Vietnam et l'Afrique, les routes et les fréquences de liaisons ne passent pas suffisamment. En revanche, la courbe peut être inversée si les principaux protagonistes y mettent de la bonne volonté.

S'agissant des liaisons par air, de nombreuses grandes compagnies aériennes africaines, parmi lesquelles *Ethiopian Airlines* et *Kenya Airways*, toutes deux membres du « sky team », relient désormais l'Afrique au Vietnam. Lors de la « conférence de presse sur l'ouverture de la première ligne directe Nairobi – Hanoï, donnée le 31 mars 2016 à Hanoï[62] », M. Mbuvi Ngunze, directeur général de Kenya Airways, annonça des vols directs entre l'Afrique et le Vietnam à raison de trois par semaine. « A l'aller, le Boeing Dreamliner quittera l'aéroport Jomo Kenyatta International de Nairobi, les lundis, mercredis et vendredis à 22h20 pour arriver à 11h55 le lendemain à Hanoï. Au retour, le vol quittera Hanoï les mercredis, vendredis et dimanches à 01h05 pour arriver à Nairobi à 06h25 le même jour[63] », avec un temps de vol moyen de 09h35 mn à l'aller et 09h20 mn au retour.

La distance maritime navigable entre le Vietnam et les côtes africaines est considérable. Les officiels vietnamiens sont conscients des efforts à faire pour une desserte fréquente. Etant le moyen de transport privilégié de grandes quantités de marchandises, sûr et moins coûteux, les autorités des deux bords doivent faire du transport maritime leur priorité.

---

[62] Disponible sur http://lecourrier.vn/ouverture-de-la-premiere-ligne-directe-nairobi-hanoi/166328.html (vu le 22.12.16).
[63] Disponible sur http://airinfo.org/2015/01/28/kenya-airways-ouvre-en-dreamliner-la-premiere-ligne-entre-lafrique-et-le-vietnam/ (vu le 16/06/16).

## Promotion des instruments de sécurité juridique et judiciaire entre le Vietnam et l'Afrique

Il ne peut y avoir de véritable climat d'affaire apaisé sans sécurité juridique et judiciaire. Tout changement fréquent de législation ou toute incohérence de lois et règlements entre deux points distincts sont de nature à engendrer des conflits et à accroître les risques de ruptures conventionnelles entre partenaires d'affaires.

Afin de créer un climat des affaires favorable, les gouvernements africain et vietnamien doivent œuvrer à la création d'une zone économique exclusive favorisant la mise en place d'un cadre juridique semblable, d'une part, au droit OHADA (L'Organisation pour l'harmonisation en Afrique du droit des affaires) qui assainit le climat des affaires entre plusieurs États africains. Et, d'autre part, équivalent à l'AGOA ( African Growth and Opportunity Act ), système qui permet à plusieurs produits en provenance d'une quarantaine de pays d'Afrique subsaharienne de bénéficier d'un accès préférentiel au marché américain. Ce grand marché commun et unique devra aboutir à :

- des accords de libre-échange,
- des tarifs douaniers préférentiels,
- des accords de non double taxation.

Ces ensembles de mesures de sécurisation du climat des affaires concurremment menées par les États concernés, d'une part, et les organisations internationales telles la Francophonie, d'autre part, fonderont le socle du vietafricanisme.

## Création d'une plate-forme électronique sur les potentialités et les opportunités du marché vietafricain, de vente et/ou de mise en contact des partenaires

Les différentes activités commerciales entre le Vietnam et l'Afrique sont essentiellement menées de nos jours par le biais des intermédiaires européens et américains. Grâce à la maîtrise des outils d'information et de communication à leur disposition, ils ont conquis ce secteur.

Afin de donner les mêmes chances d'opportunités d'affaires aux Africains et Vietnamiens, les autorités de ces deux bords devront créer un site internet Vietnam-Afrique d'échanges économiques et commerciaux. Ce portail électronique, sous le modèle de *Aliexpress.com* conçu en trois langues : vietnamien, anglais et français, offrira des informations sur les produits et services à vendre. En un seul clic, le commerçant lambda situé au Vietnam pourra passer une commande d'achat d'un produit quelconque vendu dans une ville donnée d'Afrique et vice versa. En cas de doute, un représentant commercial, situé dans le pays de départ du produit et faisant office de *tiers certificateur* ou *tiers de confiance*, pourrait certifier la véracité et la qualité du produit avant la validation de l'achat.

## Promotion des instruments de coopération entre le Vietnam et l'Afrique

Cela consisterait à promouvoir et à renforcer les activités d'information et de sensibilisation sur les potentialités et les opportunités de coopération économique entre le Vietnam et l'Afrique à travers les mass media, l'organisation de conférences, la publication de livres présentant le marché et les résultats de recherches.

C'est un fait, le Vietnam et l'Afrique ont bien des points communs favorables au développement des opportunités d'affaires. Mais, malheureusement, le Vietnam et l'Afrique se connaissent peu, et les informations économiques sont insuffisantes. Des actions de publication d'ouvrages grand public sont à promouvoir et c'est dans ce cadre que s'inscrit le présent ouvrage. En outre, la production d'émissions TV et d'articles de presse[64] sur la coopération Vietnam-Afrique est à encourager afin de porter haut l'écho du vietafricanisme.

## Coopération multi-sectorielle innovante : Défense et agriculture

S'agissant de la sécurité, l'instabilité politique de certains pays africains est incompatible avec les affaires. Afin de mieux garantir et protéger ses intérêts sur le continent, le Vietnam doit envisager une coopération militaire. A l'inverse, les Africains doivent se servir de l'expérience militaire du Vietnam pour améliorer leur capacité de défense.

Un investissement en Afrique sans mécanisme de protection est risqué. La Chine et le Japon, longtemps présents sur le

---

[64] http://chuekouvalentin.over-blog.com/article-cooperation-economique-cameroun-vietnam-ses-avantages-113431673.html (consulté le 06/022015).

continent et éloignés des aspects sécuritaires, l'ont appris à leurs dépens. Suite aux différents enlèvements et meurtres de leurs citoyens par des djihadistes et autres brigands, ils ont reconsidéré leurs positions. En plus d'être présents tous les deux en Afrique sous la bannière « casques bleus » de l'ONU, la Chine depuis 2015 a une « base militaire » à Djibouti. Quant à la Turquie désormais présente économiquement en Afrique, elle a investi sur un « camp d'entraînement militaire» en Somalie.

Le 27 juillet 2014, les travailleurs de l'entreprise de téléphonie vietnamienne *Viettel* ont manqué de peu d'être enlevés par les islamistes de Boko Haram sévissant dans le Nord-Cameroun. A leur place, de nombreux véhicules de l'entreprise furent emportés par les malfaiteurs.

Une vingtaine de groupes islamistes sévissent dans le monde. La plupart sont localisés en Afrique parmi lesquels : *État islamique* (EI), *Boko-Haram, Shebab, Ansar Beit al-Maqdess, Aqmi, Ansar Eddine, Al-Mourabitoune* et *Ansar al-Charia.* L'Afrique australe et la région des Grands Lacs semblent être, à ce jour, les seules zones épargnées par ce fléau en Afrique. En revanche, du Burkina Faso au Mali en passant par le Nigéria, le Cameroun, le Tchad, la Côte d'Ivoire, le Kenya et la Somalie, les djihadistes pullulent. Ne pouvant couvrir toutes les zones frontalières qui servent de bases aux terroristes, les armées de ces pays ont constitué les habitants des villages en « comité d'autodéfense ». Bien qu'utiles, ces supplétifs « ne bénéficient d'aucun encadrement, ce qui donne lieu à plusieurs écarts de comportement et autres exactions[65] », confie le général de brigade Bouba Dobekreo, commandant du secteur 1 de la Force multinationale mixte (FMM).

Grâce à des *conseillers militaires*, l'expérience du Vietnam dans la constitution de groupes d'autodéfense populaires peut aider l'Afrique à mieux encadrer et structurer ses comités de

---

[65]Boko Haram: faut-il renoncer aux groupes d'autodéfense? https://actucameroun.com/2016/08/05/boko-haram-faut-il-renoncer-aux-groupes-dautodfense/ (consulté le 07/09/2017).

vigilance. A défaut d'être physiquement sur le sol africain, le Vietnam peut accueillir dans ses différentes *académies militaires* des stages de formation de formateurs sur la constitution et l'encadrement de groupes d'autodéfense à l'attention des officiers africains.

Concernant l'agriculture, elle est la base du développement africain. A ce titre, le Vietnam doit continuer de soutenir des projets agricoles en Afrique comme il l'a fait en 1996 dans le cadre du programme de coopération Sud-Sud aux côtés de la FAO. A ce jour, près de « 392 experts et techniciens vietnamiens ont été déployés sur le terrain au Bénin, au Laos, à Madagascar, au Mali, en Namibie, en République du Congo, au Sénégal et au Tchad ». Leurs efforts ont porté sur l'aquaculture, la production rizicole et la transformation des produits agricoles et halieutiques.

Grâce aux techniques agricoles enseignées au Sénégal, de nombreuses zones rurales sont devenues auto suffisantes et ont acquis des outils pour la transformation de leurs excès de production. L'amélioration de la pêche a permis, par exemple, aux femmes du village côtier de *Mbour* au Sénégal réunies en coopérative agricole, de produire et d'exporter la sauce fermentée de *Nuoc Mam* faite à base de poissons et habituellement fabriquée au Vietnam, au Cambodge et en Thaïlande.

Essentiellement rurale, l'Afrique possède 65% des terres non cultivées dans le monde et ne produit que 10% de la production mondiale. Quel paradoxe ! Faute de moyens appropriés de stockage et des techniques de conservation et transformation alimentaires une bonne partie de la production agricole pourrit. Pour amorcer la révolution verte, le Vietnam et l'Afrique doivent convenir de la création en Afrique d'un réseau de lycées agricoles vietafricains.

## Société, sport et culture

« La raison qui pousse un homme à se pencher sur une culture étrangère, c'est d'acquérir une meilleure connaissance de sa culture. »

**Edward T. HALL,** *Le Langage silencieux.*

## Une structuration sociale pluriethnique

Une partie de l'Afrique est en proie aux guerres. « Près de la moitié des 53 pays du continent sont le théâtre d'un conflit ethnique, politique et religieux actif ou récemment terminé[66] ». Cette pandémie guerrière est la plupart du temps favorisée par la défaillance de certains pays, la convoitise des richesses du sol et du sous-sol, l'interférence des pays voisins et la cupidité des chefs de guerre. Les combattants prenant part à ces guerres n'ont parfois pas d'idéologie ni d'objectifs clairement définis, ce qui complique la résolution définitive des conflits. Par conséquent, l'actualité africaine a érigé la paix en exception et la guerre en principe.

Le Vietnam, par contre, est constitué de 54 ethnies qui cohabitent harmonieusement. « 53 ethnies dites "minoritaires", et une ethnie majoritaire, les *Kinh*, qui à elle seule représente 90% de la population[67]. » Outre les langues propres à chaque ethnie, la langue nationale et officielle est le *tieng viet* (le vietnamien), celle de l'ethnie majoritaire. C'est une langue monosyllabique à six tons comme certaines langues africaines. En effet, le Vietnam, est le fruit du « brassage entre des populations de souches mongoloïde et négroïde[68] ». La langue *viet* est l'un des éléments fondamentaux de la *cohésion nationale du peuple vietnamien,* tandis que, du fait de l'ethnocentrisme, certains pays africains ont du mal à s'accorder pour choisir, parmi les nombreuses langues locales, une langue qui sera officielle.

Contrairement aux ethnies africaines qui se battent sans cesse entre elles pour des causes floues, opportunistes et non objectives, les 54 ethnies vietnamiennes, en dépit de leurs

---

66 http://www.slate.fr/story/19101/lafrique-et-ses-guerres-qui-nen-finissent-pas.

67 http://vovworld.vn/fr-ch/Les-54-ethnies-en-couleur/Les-Kinh-lethnie-majoritaire-au-Vietnam/146397.vov.

68 Huu NGOC, *A la découverte de la culture vietnamienne* (2009), p.828.

différends, ont toujours fait bloc au fil des siècles pour lutter contre tout envahisseur quel qu'il soit. Loin des poncifs déclaratifs sur *l'indivisibilité et l'unité de la nation* que l'on retrouve dans presque toutes les constitutions des pays africains, la nation vietnamienne est véritablement « une et indivisible[69] ».

En outre, le concept de l'État-nation est une réalité au Vietnam. L'anticolonialisme, le communisme et les longues années de guerre ont fondamentalement et idéologiquement soudé la communauté de destin des ethnies vietnamiennes et fédéré ces dernières autour d'une histoire commune et identitaire. Tout le contraire des pays africains qui ne tirent pas de leçon des longues guerres ethnocides de contrôle du pouvoir et des richesses qui les divisent, les déciment et freinent leur essor économique.

Non pas qu'il n'existe pas de frictions ou autres tensions entre les différentes ethnies qui composent le Vietnam, mais c'est leur capacité de résilience et d'évitement des conflits interethniques meurtriers et inutiles qui est remarquable. Certes, les ethnies minoritaires *Hmong*, *Cham* [70] (en majorité musulmanes, avec pour particularité la consommation de viande de porc) et autres peuvent se plaindre d'être socio-politiquement sous-représentées ou discriminées, mais l'État central de Hanoï arrive toujours, bon an mal an, à trouver une solution adaptée d'inclusion sociale. Et c'est cet équilibrisme socio-politique de partage institutionnel, gage de stabilité politique et civile, d'une part, et de développement économique, d'autre part, qui doit inspirer à plus d'un titre l'Afrique.

Autre point positif : Après les différentes guerres du Vietnam, les combattants des milices d'autodéfense ethniques et villageoises ont déposé armes et treillis et sont retournés vaquer paisiblement à leurs occupations civiles, certains dans les rizières et d'autres dans les manufactures, les administrations et

---

[69] Hô Chi MINH Discours indépendance, *op.cit.* p.70.
[70] Agnès DE FEO, *Transgressions de l'islam au Vietnam* [en ligne], disponible sur http://chamstudies.free.fr/ChamsBani.pdf (consulté le 07/09/2017).

les affaires. Mais, aussi et surtout, ces milices se sont muées en groupes d'autodéfense en veille, capables, en cas de nécessité absolue, de suppléer l'armée nationale et défendre l'intégrité du territoire en attente de l'intervention de l'artillerie lourde.

A priori négligeable, c'est pourtant cette milice, organisée sur la stratégie de « défense populaire » que pratique le Vietnam depuis des millénaires, qui repoussa l'incursion de l'armée chinoise en 1988. En Afrique, par contre, les combattants de milices ethniques, constituées pour de nombreux conflits interethniques, ont quelquefois du mal à déposer les armes et à retourner à la vie civile après la signature des accords de paix et se muent souvent en bandits de grand chemin, défiant les institutions et s'en prenant aux populations qu'ils massacrent et pillent. Sur le sujet, l'Afrique devrait s'inspirer du Vietnam.

Fort heureusement, le Vietnam n'est pas que guerres et milices d'autodéfense citoyennes. Le Vietnam, de nos jours, est un carrefour d'acquisition de savoirs, un hub de connaissances que se disputent de nombreux pays et sur lequel se fonde son émergence économique.

## Le Vietnam : nouvelle terre d'accueil pour étudiants internationaux

« Les progrès économiques du Vietnam et les efforts réalisés en direction de son système éducatif se traduisent aujourd'hui par de meilleurs taux de scolarisation à tous les niveaux d'enseignement [71] » et un fort développement de l'offre universitaire. « Au cours des deux dernières décennies, le nombre d'universités et d'établissements d'enseignement supérieur a quadruplé au Vietnam [72] ». En conséquence, le nombre d'étudiants s'est accru.

*Le Courrier du Vietnam*, le seul journal en langue française paraissant au Vietnam, titrait dans l'une de ses éditions : « Vietnam, nouvelle terre d'accueil pour les étudiants internationaux ». Et pour cause, avec l'amélioration qualitative et quantitative du système éducatif du Vietnam, les universités ont pris du galon. Par conséquent, ce géant du delta du Mékong est devenu depuis plusieurs années une destination prisée par les étudiants du monde entier venant d'Asie, d'Europe et d'Amérique. Ils sont séduits tant par les offres variées de formations académiques que par la culture et l'histoire du Vietnam. On voit, dans les rangs de ces étudiants venus de lointaines contrées, quelques Africains mais leur nombre peut encore s'améliorer.

---

[71] Sophie CERBELLE, « L'enseignement supérieur au Vietnam : les enjeux d'une réforme inspirée des orientations occidentales », *Cahiers de la recherche sur l'éducation et les savoirs* [En ligne], 15 | 2016, mis en ligne le 10 mai 2016, consulté le 1er décembre 2017. URL : http://cres.revues.org/2968.

[72] Ly PHAM, « Vietnam : une transformation rapide de l'enseignement supérieur », Revue internationale d'éducation de Sèvres [En ligne], 07 | 2015, mis en ligne le 18 janvier 2017, consulté le 1er décembre 2017. URL : http://ries.revues.org/4471 ; DOI : 10.4000/ries.4471.

« Durant l'année académique 2016-2017, le Vietnam comptait 235 établissements d'enseignement supérieur (170 publics, 60 privés et 5 universités de capitaux étrangers) [73]». En effet, le secret de la compétitivité des universités du Vietnam repose sur les partenariats stratégiques passés entre le ministère de l'Éducation et de la Formation du Vietnam et les pôles universitaires réputés du monde. C'est notamment le cas avec les Pôles universitaires français (PUF) qui « assurent une présence importante des établissements français d'enseignement supérieur au Vietnam[74] » et contribuent ainsi à « compenser le déficit structurel de formations de niveau master » dont souffrait auparavant le Vietnam.

Dans la même lancée d'amélioration de son système éducatif par la coopération internationale, l'Institut des sciences de l'éducation du Vietnam et l'UNESCO ont organisé de nombreux colloques pour la promotion de l'éducation STEM[75] au profit des étudiants vietnamiens. Ce programme a pour but d'encourager les jeunes étudiants à s'orienter vers les quatre disciplines pointues que sont : *science*, *technologie*, *ingénieur* et *mathématiques*. Le Royaume-Uni par le biais du British Council accompagne le Vietnam vers cette excellence universitaire.

Quant au PUF, il coordonne et structure la délocalisation des universités françaises au Vietnam dont la *liste*[76] actualisée de 2014 ci-dessous (hors formation médicale) laisse découvrir un grand panel de formations de haut niveau dans des domaines à grande valeur ajoutée.

---

[73] Nguyen Thi Cuc Phuong, vice-rectrice, professeur, département de français, Université de Hanoï, « Les défis de l'enseignement supérieur au Vietnam » [en ligne], mis en ligne le 30 novembre 2017, consulté le 1er décembre 2017. URL : http://theconversation.com/les-defis-de-lenseignement-superieur-au-vietnam-88283.

[74] Consultable sur http://www.ambafrance-vn.org/Poles-Universitaires-Francais-et (vu le 27.02.16).

[75] STEM (acronyme de *science, technology, engineering, and mathematics*) ou STIM (science, technologie, ingénierie et mathématiques).

[76] Liste des formations françaises délocalisées au Vietnam.

| *Intitulé de la formation* | *Etablissement français* | *Etablissement vietnamien* | *Année de création* | *Frais de scolarité* | *Langue cours* | *Ratio ensei-gnant FR/VN* |
|---|---|---|---|---|---|---|
| Diplôme universitaire en Management (DUM) | IAE d'Amiens Univ. de Picardie J. Verne | UNV, ULIS | 2004 | 174 € | Français | 50/50 |
| Master d'administration d'entreprise (MAE) | IAE d'Amiens Univ. de Picardie Jules V. | UNV, ULIS | 2012 | 250 € | Français | 50/50 |
| Master d'architecture de paysage | ENSA Normandie | Université d'archi-tecture de Hanoï | 2010 | 21 millions VND/an | Franais | 50/50 |
| Licence informatique | Bordeaux 1 | PUF HCM | 2008 | 1800$ | Français | 30/70 |

| *Intitulé de la formation* | *Etablissement français* | *Etablissement vietnamien* | *Année de création* | *Frais de scolarité* | *Langue enseignement* | *Ratio enseignant FR/VN* |
|---|---|---|---|---|---|---|
| Master 2 management financier | Univ. Montesquieu Bordeaux IV | IFI (PUF Hanoï) | 2010 | 120 millions VND/an | Anglais | 70/30 |
| Master physique nucléaire et applications | Bordeaux 1 | UNV | 2007 | 500€/M1; 800€/M2 | Français/ Anglais | 43/57 |
| DPEA "Projet urbain, patrimoine et développement durable" | ENSA Toulouse | Université d'architecture de Hanoï | 2001 | 900 € | Français | 40/60 |
| Master 2 science politique relation internationale, spécialité "Francophonie et mondialisation" | Lyon 3 | Académie diplomatique du VN | | | Français | |

| *Intitulé de la formation* | *Etablissement français* | *Etablissement vietnamien* | *Année de création* | *Frais de scolarité* | *Langue en-seignement* | *Ration en-seignant FR/VN* |
|---|---|---|---|---|---|---|
| Master 2 droit eropéen, interna-tional et comparé, spécialité droit international | Universités de Lyon 3, Toulouse 1, Bordeaux 4, Université libre de Bruxelles | Université de droit de HCMV | | | | |
| Master 2 droit de la coopération éco-nomique et des affaires interna-tionales | Universités de Lyon 3, Toulouse 1, Bor-deaux 4, Université libre de Bruxelles, Université Laval (Québec) | UNV Faculté de droit | 2001 | 4500$ | Français | |
| Master 2 banque assurance | Université de Nantes | Ecole interna-tionale de Hanoï | 2007 | 5000€/18 mois | Anglais | 55% FR |

| *Intitulé de la formation* | *Etablissement français* | *Etablissement vietnamien* | *Année de création* | *Frais de scolarité* | *Langue enseignement* | *Ratio enseignant FR/VN* |
|---|---|---|---|---|---|---|
| Master 1 + 2 finance et logistique maritime | Université de Nantes | Ecole supérieure de commerce extérieur | 2012 | 2500$/an | Anglais | 40% FR |
| Master 2 management de projet | Université de Nantes | Ecole supérieure de commerce extérieur | 2012 | 3000€/an | Anglais | 50% FR |
| Master 2 marketing et prospective | Université de Nantes | Ecole internationale de Hanoï | 2007 | 4200€/18 mois | Anglais | 60% FR |
| Master finance, option trésorerie | Université de Rennes 1 | Ecole supérieure de commerce extérieur | oct11 | | Anglais | 65/35 |

| *Intitulé de la formation* | *Etablissement français* | *Etablissement vietnamien* | *Année de création* | *Frais de scolarité* | *Langue d'enseignement* | *Ratio enseignant FR/VN* |
|---|---|---|---|---|---|---|
| Licence économie gestion | Université de Paris Sud | Ecole internationale de Hanoï | 2005 | 750€ + 186€ (frais inscrip- | Français | |
| Master gestion des RH gestion du personnel, gestion du travail et organisation du travail | Université de Paris X Ouest Nanterre | Université nationale d'économie de Hanoï | 2011 | 11400$ | Anglais/ vietnamien | 40/60 |
| Master 2 relation économiques euro asiatique | Université de Rennes 2 | Ecole supérieure de commerce extérieur | | VN: 1500€; Laos+ Cam- | Français | 80/20 |
| Master de chimie moléculaire – chimie médicinale | Université de Rennes 1 | Université nationale du Vietnam | Oct 09 | | Français | 50/50 |

| *Intitulé de la formation* | *Etablissement français* | *Etablissement vietnamien* | *Frais de scolarité* | *Langue d'enseignement* | *Ratio enseignant FR/VN* |
|---|---|---|---|---|---|
| Licence professionnelle Banque assurance | Université de ToulonVar | Université de commerce du Vietnam et Académie de Finance. | 1000€/an (frais d'inscription) | Français/ Anglais | |
| Licence professionnelle Banque assurances | Université de ToulonVar | Université de Commerce du Vietnam (UCV) et Académie de Finance | 1 181 € | Français/ Anglais | 30/70 |
| Master Finance d'entreprise et contrôle de gestion | Université de Toulon Var (IAE) | Académie de finance (AF) | NC | Anglais | 50/50 |
| Licence professionnelle management des organisations, spécialité conduite de projets et RH | Université de Toulon Var | Université de commerce du VN | 1 181 € | Français/ Anglais | 50/50 |

| *Intitulé de la formation* | *Etablissement français* | *Etablissement vietnamien* | *Frais de scolarité* | *Langue enseignement* | *Ratio enseignant FR/VN* |
|---|---|---|---|---|---|
| Master MAPE management de l'action publique et des entreprises | Université de Toulouse 2 Le Mirail | Univ. des Sciences sociales et humaines de HN (UNV) | 30 million VND | Français | 40/60 |
| Licence économie et gestion | Univ. de Toulouse 1 | PUF HCM | 2000$/an | Français/Anglais | |
| Master économie | Univ. de Toulouse 1 | PUF HCM | | | |
| Master droit et economie, spécialité droit des affaires internationales | Univ. François Rabelais, Tours | Ecole supérieure de commerce extérieur | 100€ pour les 1ères années, depuis 2006, 1000€/an | Français/Anglais | 60/40 |
| Master productions animales (M1 M2) | Univ. François Rabelais, Tours | Univ. d'Agriculture et de Foresterie de HCMV | | Français | 50/50 |

Outre le PUF, le gouvernement vietnamien a aussi signé des conventions avec l'Agence universitaire française (AUF) qui propose les formations suivantes en double, voire triple, diplomations entre le Vietnam et les pays partenaires.

| Niveau d'études: DU DIU | | | |
|---|---|---|---|
| Établissement | Nom de la formation | Diplôme | Durée |
| Université Nationale du Vietnam à Hanoï – École supérieure des langues étrangères | Gestion et administration | DU (diplôme universitaire) de l'Université Picardie Jules Verne | 2 ans |
| Université de Médecine de Hanoï | Odontologie | DIU (diplôme inter-universitaire) de l'Université de Bordeaux 2 intitulé « Restauration esthétique en odontologie » (REO) avant 2012, « Technologies avancées en odontologie » TAO depuis 2012 | 1 an |

| *Niveau d'études: Licence* | | | |
|---|---|---|---|
| Établissement | Nom de la formation | Diplôme | Durée |
| *Sciences juridiques* | | | |
| Université nationale du Vietnam à Hanoï Faculté de droit | Droit | Diplôme vietnamien « cử nhân » | 4 ans |
| Université de droit de HôChiMinhVille | Droit | Diplôme vietnamien « cử nhân » | 4 ans |
| Université d'économie et de droit de HCMV | Droit | Diplôme vietnamien «cử nhân » | 4 ans |
| Université de Can Tho Faculté de droit | Droit | Diplôme vietnamien « cử nhân » | 4 ans |

| *Géographie* | | | |
|---|---|---|---|
| *Établissement* | *Nom de la formation* | *Diplôme* | *Durée* |
| Université nationale du Vietnam à HCMV | Géo-graphie | Double diplôme<br><br>Licence de l'Université de Pau et<br><br>des Pays de l'Adour | 4 ans |
| *Commerce –Banque et Finance* | | | |
| École supé-rieure de commerce de Hanoï | Gestion des Af-faires | Diplôme vietnamien « cử nhân » | 4 ans |
| École supé-rieure de commerce extérieur de Hanoï | Commerce extérieur | Diplôme vietnamien « cử nhân » | 4 ans |
| École supérieure d'écono-mie nationale de Hanoï | Gestion bancaire | Diplôme vietnamien « cử nhân » | 4 ans |
| Université des sciences éco de HCMV | Économie – Finance | Diplôme vietnamien « cử nhân » | 4 ans |
| Université de Hué | Licence de finance et banque | Double diplôme : diplôme vietnamien « cử nhân » de l'Université de Hué<br>et<br>licence de l'Université de Rennes 1 | 4 ans |

| *Tourisme* | | | |
|---|---|---|---|
| *Établisse-ment* | *Nom de la formation* | *Diplôme* | *Durée* |
| Université Van Lang à HCMV | Ingénierie du tourisme | Double diplôme - Licence de l'Université Perpignan Via Domitia, | 4 ans |
| Université de Nha Trang | Gestion des entreprises et du tourisme | Diplôme vietnamien « cử nhân » | 4 ans |
| École normale supérieure de Nha Trang | Formation francophone au tourisme | Diplôme vietnamien «cử nhân» | 3 ans |
| Université de pédagogie de HCMV | Licence de français appliqué au tourisme | Diplôme vietnamien «cử nhân» | 4 ans |
| Université de Danang | Licence du français du tourisme | Diplôme vietnamien «cử nhân» | 4 ans |

Dans le positionnement éducatif des universités occidentales, la France n'est pas le seul pays à s'implanter au Vietnam. L'Allemagne, Singapour, la Suisse et la Grande-Bretagne y sont aussi présentes et proposent des filières qui forment aux plus hauts standards.

Ces universités sont une opportunité incommensurable pour de jeunes Africains dans un contexte morose où les chancelleries occidentales restreignent la délivrance des visas d'études pour les étudiants et chercheurs du continent.

En outre, c'est doublement une richesse de se former au Vietnam. En plus d'acquérir un diplôme de master du pays, reconnu par plusieurs autres pays d'Europe centrale et d'Amérique du Nord, les étudiants évoluent dans un environnement multiculturel qui offre une immersion dans la culture et la connaissance de l'Asie du Sud-Est.

Les tableaux suivants donnent un aperçu de ces différentes formations autres que françaises susmentionnées.

| *Licence* | | |
|---|---|---|
| *Intitulé de la formation* | *Campus* | *Ecoles/Pays partenaires* |
| Licence en gestion et technologie de l'environnement | Hô-Chi-Minh-Ville | Ho Chi Minh City University Of Technology |
| Licence en génie électrique et électronique | | |
| Licence en génie mécatronique | | |
| Licence en génie informatique | | |
| Licence en génie chimique | | |
| Licence en génie mécanique | | |
| Licence en génie civil | | |
| Licence en administration des affaires | | |
| Licence en génie électrique et informatique | Hô-Chi Minh-Ville | Vietnamese-German University |
| Licence en informatique (génie logiciel et programmation) | | |
| Licence en génie pétrolier | | |
| Licence en informatique | | |
| Licence en génie mécanique | | |
| Licence en sciences finance et comptabilité | | |

| *Master et MBA* | | |
|---|---|---|
| *Intitulé de la formation* | *Campus* | *Ecoles partenaires / Pays* |
| Master en management hôtelier international | Hô-Chi-Minh-Ville | Vatel Switzerland - International Business School Hotel & Tourism Management |
| Master en systèmes d'information d'entreprise | Hô-Chi-Minh-Ville | Vietnamese-German University |
| Master en ingénierie informatique | | |
| Master en mécatronique et des systèmes de technologie de capteur | | |
| Master en génie de la production mondiale et de la gestion | | |
| Master en planification urbaine durable | | |
| Master en gestion de marketing & communication | Hanoï | Solvay Brussels School Economics & Management Vietnam |
| Master de la qualité de l'entreprise et gestion des performances | | |
| Master de gestion de projet dans la construction | Hô-Chi-Minh-Ville | Asian Institute Of Technology |
| Master ès sciences en circulation et des transports | Hô-Chi-Minh-Ville | Vietnamese-German University |
| MBA en développement des petites et moyennes entreprises | | |
| Maastricht MBA | Hô-Chi-Minh-Ville | Maastricht School Of Management Msm Vietnam |

| | | |
|---|---|---|
| *Bachelor* | | |
| Bachelor (Ba) en management hôtelier international | Hô-Chi-Minh-Ville | Vatel Switzerland - International Business School Hotel & Tourism Management |
| Administration des affaires | Hô-Chi-Minh-Ville | Vietnamese-German University |
| Ba en banque et finance | Hanoï | British University Vietnam |
| Ba de la comptabilité et des affaires | | |
| Ba en gestion des affaires internationales | | |
| Ba en comptabilité et finance | | |
| Ba de la finance et d'économie | | |
| Ba en gestion du marketing | | |
| Entreprise (Edexcel) | Hô-Chi-Minh-Ville | Nguyen Tat Thanh University, Ntt Institute Of International Education (Niie) |
| *Doctorat* | | |
| Dba - Doctorat en administration des affaires | Vietnam | Nottingham Business School Dba Office |

## Religions, croyances et coutumes

« Chaque religion traditionnelle est directement liée à l'identité d'une population déterminée ». Or, la religion rattachée à l'identité des Africains et des Vietnamiens est certainement le « culte des ancêtres »[77]. C'est le trait de ressemblance le plus frappant entre les cultures africaine et vietnamienne. Quant aux Vietnamiens, ils vivent depuis des millénaires dans un univers moral et religieux influencé par des croyances et des valeurs issues du « bouddhisme mahâyâna » (première religion du pays - 50% -), du confucianisme et du taoïsme mais aussi du christianisme (catholicisme et protestantisme - 15% -) du *caodaïsme* [78] et de l'islam. Ces dernières (christianisme, caodaïsme et islam) sont pratiquées par une communauté très minoritaire.

Selon les *chiffres officiels* [79] communiqués en 2010 par l'ambassade du Vietnam à Paris, les principales religions présentes au Vietnam sont ainsi réparties pour une population d'environ 92 millions d'habitants :

« -Le bouddhisme : >10 millions de fidèles, 6 000 pagodes, 15 000 clercs.

-Le bouddhisme hoa hao : 1,2 million de fidèles, 3 instituts bouddhiques.

-Le caodaïsme : 2,3 millions de fidèles, 6 000 temples et oratoires, 7 100 clercs.

-Le catholicisme : 6 millions de fidèles, 26 diocèses, 6 000 églises, 15 000 clercs, 6 grands séminaires.

-Le protestantisme : 1 million de fidèles, 500 temples, 1 institut biblique et théologique.

-L'islam : 70 000 fidèles, 100 mosquées, 700 imams.

---

[77] Tidiane N'DIAYE, *Le génocide voilé*, édition folio, 2017, p.85.

[78] *L'atlas des religions*, (Religion Cao Dai fondée vers 1920 au Vietnam. Mélange de bouddhisme, de confucianisme, de christianisme et de taoïsme. 4 millions d'adeptes), Le Monde, édition 2015, p.20.

[79] Pierre BROCHEUX, *Histoire du Vietnam contemporain*, 2011, Fayard, p.243.

-10 universités confessionnelles en majorité bouddhiques. »

On peut regretter la faiblesse des appareils statistiques du continent africain qui ne permet pas d'avoir des chiffres aussi exacts sur la répartition des religions. Toutefois, empiriquement, les chiffres de répartition des églises, temples et mosquées à l'échelle nationale du Vietnam, correspondent sensiblement aux statistiques à l'échelle de certaines villes voire certains quartiers de nombreux pays d'Afrique. En effet, les Africains baignent hélas dans un foisonnement de religions coloniales importées et imposées, en l'occurrence *le christianisme (catholique, pentecôtiste, évangélique...) et l'islam*[80].

D'après Pierre Brocheux, le *Đổi mới* de 1986 n'a pas simplement engendré une transformation économique du Vietnam, il a aussi permis le regain des religions et une diversité de pratiques religieuses. C'est ce que l'anthropologue Philip Taylor appelle le « réenchantement »[81]. Cette ouverture religieuse est le fondement de la coexistence pacifique des « religions traditionnelles » et des « croyances et cultures étrangères ». Depuis lors, « la liberté de croyance et de culte est inscrite dans la constitution vietnamienne et l'ordonnance de 2004 précise les modalités de son application ». En revanche, pour la paix, la sécurité et la stabilité nationale, « l'État réprime toute relation entre la religion et la politique » ainsi que les extrémismes religieux. Tout le contraire de l'Afrique, où l'on assiste à la *christianisation* et/ou à *l'islamisation* de certains pays, non sans que cela entraîne l'instabilité des institutions et des troubles sociaux et politiques profonds.

Par ailleurs, les Vietnamiens comme les Africains vivent dans un univers moral, spirituel et religieux profondément façonné par des croyances et des valeurs héritées du culte des ancêtres qualifié chez les Africains de « religions

[80] *Ibid* p.49.
[81] Bertrand BOUTIER, *Vers une liberté religieuse au Vietnam, peut-on y croire ?*, 2014 [en ligne], http://redtac.org/asiedusudest/2014/12/01/vers-une-liberte-religieuse-au-vietnam-peut-on-y-croire/, (consulté le 19/06/2018).

animistes »[82] par les Européens. C'est la plus vieille pratique commune à ces deux peuples. Elle est antérieure à la venue des religions précitées. Les Africains, comme les Vietnamiens, considèrent que les âmes de leurs ancêtres et aïeuls survivent après leur mort et qu'elles protègent leurs descendants contre le mauvais œil, les mauvais esprits et les mauvais sorts.

J'étais surpris de constater que les pratiques du culte des ancêtres au Vietnam étaient fort semblables à celles de mon pays, le Cameroun, de mon ethnie, les *Bamilékés*, de mon beau village, *Batcha,* de mon clan, les *Moplah* et de ma grande famille, Nz*ohBeuh Chuékou.* En effet, pour célébrer leurs ancêtres, les Vietnamiens réservent dans leurs maisons une pièce entière pour cette cause. C'est la chambre des ancêtres, au cœur de laquelle trône l'élément le plus important et sacré: l'« autel des ancêtres ». Il est décoré de fleurs, de cierges, d'encens, de photos des défunts, de fruits et d'aliments (bol de riz…) que les défunts affectionnaient de leur vivant.

Au Cameroun, au sein de l'ethnie des Bamilékés à laquelle j'appartiens, la pratique est presque similaire. Toutes les familles bamilékés ont dans leur domaine foncier au village une maison spéciale dédiée exclusivement à la pratique du culte des ancêtres, c'est la maison ou la case des ancêtres. Aux quatre coins intérieurs de cette maison sont disposés des autels sur lesquels sont posés ou accrochés des offrandes, des encens, des outils de travail miniaturisés (houe, faucilles…), des calebasses remplies de mixtures et bien d'autres objets. Au centre de la pièce est installé un foyer de feu de bois que les descendants doivent allumer et faire flamber pour honorer et réchauffer les ancêtres dans l'au-delà.

En revanche, le reproche, que l'on peut faire à la case ou maison des ancêtres bamilékés, est son austérité. En effet, elle présente souvent un aspect délabré et négligé, contrairement à la chambre des ancêtres vietnamienne, décorée et bien entretenue.

---

[82] Tidiane NDIAYE, *Le génocide voilé*, folio, 2017, p.83.

Fort heureusement, depuis l'avènement du mouvement des « baminismes » (une contraction de *bamiléké* et *animisme* qui signifie aussi dans le présent contexte : *bamiléké* et *modernisme*), porté par une jeune génération instruite, éduquée, ayant voyagé à travers le monde et vu ce qui s'y passe, l'on observe un fort désir de modernisation des pratiques ancestrales bamilékés et le retour à un strict symbolisme. Il est important d'ancrer ses pratiques culturelles et spirituelles ancestrales dans l'évolution du monde.

D'une manière générale comme le résume Tidiane N'diaye, « l'univers spirituel de l'Africain » comme celui du Vietnamien est marqué par la croyance en un « être immatériel associé à un ancêtre défunt » vers lequel le peuple se tourne « pour formuler ses demandes ». En effet, « il s'agit d'un aïeul, mort depuis un temps plus ou moins long et devenu une divinité ou encore un esprit de nature doté du pouvoir d'influer en bien comme en mal les vivants ». Chez les Africains et les Vietnamiens, les « morts ne sont pas morts ». Ils sont présents et proches des vivants, ils continuent d'exister, de veiller et d'agir sur leurs familles qui en retour, les respectent, les invoquent dans les moments de bonheur et de malheur et leur font des offrandes sur les « autels familiaux où sont parfois conservés leurs ossements. »

Avant toute prise de décision importante relative à un voyage à effectuer, un examen à passer, un mariage à célébrer ou un commerce à ouvrir, les Vietnamiens comme les Africains vont respectivement à la chambre ou à la maison des ancêtres pour informer ces derniers, consulter les oracles, ou encore se recueillir devant l'autel des ancêtres et se concilier leurs esprits afin qu'ils leur procurent succès et réussite dans leur future entreprise.

La simplicité et la bonne tenue des chambres des ancêtres vietnamiennes sont un repère considérable pour inspirer les Africains qui ont de telles pratiques spirituelles, à améliorer les leurs. Par exemple, au lieu d'allumer des grands feux de bois nocifs pour « réchauffer les ancêtres », le respect des principes écologiques et la préservation du bois dans son écosystème commanderaient de brûler symboliquement des cierges, pour honorer nos ancêtres comme le font les Vietnamiens.

En définitive, on ne peut qu'être du même avis que Huu Ngoc sur l'ancrage des cultures africaine et vietnamienne dans des *groupes forts et soudés*. Au Vietnam comme en Afrique, on naît, vit et meurt au sein d'un groupe qui se souviendra de vous et vous honorera après la mort. Chez les Vietnamiens comme les Africains, on n'est rien sans sa communauté. On s'accomplit grâce à elle et s'épanouit en son sein.

En effet, d'après la classification de l'anthropologue américain Edward Hall, la culture de ces deux peuples fait partie de ce qu'il appelle *high level context* qui caractérise les cultures à prédominance « communautaire », en opposition au *low level context* qui qualifie les sociétés de cultures « individualistes », en l'occurrence occidentales. Par ailleurs, sur la même lancée, le psychologue et anthropologue néerlandais Geert Hofstede dans sa « théorie des dimensions culturelles », met en exergue six dimensions qui permettent de décrire une culture nationale. Il ressort de sa grille que les sociétés vietnamiennes et africaines sont « collectivistes », contrairement aux sociétés occidentales qui sont « individualistes ». Selon lui, l'appartenance à la même culture et aux mêmes systèmes de valeurs induit des comportements particuliers.

Peut-on en déduire que les programmes d'ajustement structurel du FMI, déroulés tels quels en Afrique, sans adaptation, sans tropicalisation et contextualisation sont des solutions « individualistes » appliquées aux problèmes « collectivistes »? Grâce à sa politique du *Dôi Moi* (1986) et à la *restructuration*, le Vietnam, par contre, a su adapter les conditionnalités des bailleurs de fond à ses réalités locales. Aujourd'hui, les résultats sont probants. L'Afrique devrait s'en inspirer.

## La religion comme facteur de développement

Visiblement, les Vietnamiens et les Africains, qu'ils soient musulmans, bouddhistes, chrétiens, caodaïstes ou autres, ont en commun la pratique du culte des ancêtres. Il s'agit de leurs racines, leur socle ancestral, il leur est ontologique.

En revanche, contrairement aux Vietnamiens qui sont ancrés dans leur spiritualité ancestrale malgré leur adhésion à d'autres croyances, les Africains sont plutôt spirituellement extravertis au détriment de leurs cultes ancestraux que certains qualifient à tort ou à raison de « sorcellerie ». Faut-il voir en cette extraversion un profond marqueur des longues années d'acculturation et d'assimilation causées par la traite négrière et la colonisation ? Le Vietnam souffrit aussi de la colonisation, me répondriez-vous.

L'émergence spectaculaire de nombreux pays asiatiques jadis pauvres, dont le Vietnam, conforte l'idée selon laquelle la spiritualité comme la religion peuvent être « un facteur de progrès ou un frein au développement économique[83] ». En effet, les valeurs spirituelles et religieuses ontologiques à une société donnée favorisent son développement humain et économique. A contrario, les valeurs spirituelles et religieuses importées et imposées à une société quelconque sont un instrument de domination mentale et constituent un frein à son essor.

Dans le rapport religion/développement, l'on ne peut éluder la question : « quelles valeurs pour quelles sociétés[84] » ? En effet, selon Elisabeth Carrio, la religion, comme système de croyances, joue un rôle central comme point focal pour la coordination des modèles mentaux d'une société. Elle permet, en outre, de répondre au *consensus triptyque* : « D'où venons-nous ? Pourquoi sommes-nous là ? Où allons-nous ? »

---

[83] http://elisabeth-carrio.com/la-spiritualite-un-facteur-de-developpement-economique/ (consulté le 16/03/2014).

[84] Elisabeth CARRIO (Ethnologue des religions) [en ligne] op.cit., p.146.

En référence au mythe de « Noé et ses trois fils[85] » *Sem, Cham* et *Yaphet*, une tentative de réponse à la première question ci-dessus établira que les « Blancs » viendraient de « Sem », les « Noirs » de « Cham » et les « Jaunes » de « Yaphet ». Or, seuls les descendants de Sem ont des racines ancrées dans les « religions du livre » (christianisme, judaïsme et islam) inspirées par le monothéisme c'est-à-dire, l'existence d'un seul Dieu. Tandis que les descendants de Cham et Yaphet ont des racines connectées aux religions polythéistes (animisme, culte des ancêtres, philosophie spirituelle…). Au regard des esquisses de la réponse, chacun peut donc se faire une idée sur les deux autres questions du consensus triptyque.

Pour rappel, ce récit biblique (*qui attribue curieusement à Noé, la paternité d'enfants de couleurs différentes*) est le fondement de toutes les thèses racistes. Il a servi à l'islam pour justifier la traite négrière et au christianisme pour cautionner l'esclavage. D'abord théorisé par l'exégète et « fondateur de la sociologie » Ibn Khaldoun dans *Les Prolégomènes*, le clergé le reprit à son compte au Moyen-Âge pour le populariser.

Loin de toute polémique stérile, à bien observer, il est évident que les grandes régions géographiques du monde se sont développées grâce à leur indéfectible attachement aux pratiques des valeurs spirituelles de leur religion respective, héritées lors de la *création* (s'il faut s'en tenir à la théorie de la *création* et non à celle de l'*évolution* défendue par *Darwin*).

Suivant cette logique de répartition spirituelle, l'on constate à souhait que les régions économiquement développées du monde le sont grâce à leur ancrage spirituel ontologique dominant et à la transformation de ce « capital spirituel » en capital économique.

[85] Livre de la Genèse, chapitre 9, versets 18-29.

- L'Occident ==> christianisme ;
- Israël ===> judaïsme ;
- L'Arabie et le Maghreb ==> islam;
- L'Inde ==> hindouisme;
- L'Asie dont le Vietnam ==> culte des ancêtres (avec des zestes de bouddhisme et de philosophie orientale);
- L'Afrique (subsaharienne) ===> - ?- ?- ?- ?- ?- ;

Quid de l'Afrique ? C'est le vide spirituel. Tidiane N'diaye, l'auteur de *Génocide voilé,* rappelle que l'Afrique a souffert de « quatorze siècles de traite négrière arabo-musulmane sans interruption », de « quatre siècles de traite transatlantique » et de « 400 ans de colonisation ». Il mentionne que « depuis des temps immémoriaux, du judaïsme au christianisme en passant par l'Islam, et autres religions monothéistes, toutes avaient avalisé la pratique de l'esclavage, en prétextant la loi naturelle ou quelque sombre décret de la divinité. » Les effets dévastateurs de ces religions monothéistes ont causé de violentes commotions dans le mental de certains Africains et développé chez ces derniers le complexe de *l'Africain lobotomisé*. Ces *religions civilisatrices,* imposées par le bâton et le sabre, l'ont amené à croire et à intégrer que sa spiritualité n'est que *sorcellerie* et *magie noire* et que le salut de son âme réside en la croyance en Jésus et ses saints, à Allah et ses anges ou à Moïse et ses cornes.

L'Africain lobotomisé renoncera à honorer l'âme de ses ancêtres pour vénérer les *reliques* d'un tiers mort à mille lieux et proclamé « saint ». Si on lui parle du rapport religion/développement, il balayera d'un revers de main et citera en contre-exemple sans preuve, ni argument l'Ethiopie, soi-disant pays de naissance du christianisme ou encore, la Corée du Sud, pays d'Asie où, selon lui, la foi chrétienne serait vivante. Or, il semble oublier d'une part, que l'Ethiopie à l'origine est polythéiste, et d'autre part, qu'en Corée du Sud, le service militaire est obligatoire pour tous et que, lors du passage à l'armée, l'apprentissage du *taekwondo* (ontologique au peuple coréen) est de rigueur avec l'enseignement des valeurs spirituelles qui l'accompagnent. Certes, chacun est libre de croire ou de ne pas croire. En revanche, la proximité d'une spiritualité quelconque ne devrait pas nous détourner de celle qui nous est ontologique, naturelle et ancestrale. On peut s'ouvrir et se cultiver en s'imprégnant des faits religieux d'ailleurs sans se renier. Et c'est ce que le Vietnam a su faire et concilier : l'équilibre de la dualité spirituelle.

L'Afrique, notamment subsaharienne, pauvre et sous-développée, est « envoûtée » par un *transsexualisme spirituel* et culturel. En effet, l'Afrique est un volcan de la foi où bouillonne un magma explosif de religions impérialistes, au détriment des croyances animistes locales et des différents cultes des ancêtres qui lui sont propres et pourtant diabolisés et honnis. Lors de ma première visite du musée du Quai Branly à Paris, je fus surpris et choqué d'y découvrir des objets de culte africain exposés, dont certains à l'origine avaient été volés et d'autres, déclarés objets maléfiques par les colons religieux furent confisqués par ces derniers pour être brûlés.

Alors que les lieux de culte en Occident et en Orient se vident, ceux de l'Afrique se remplissent au centuple et débordent de nouveaux fidèles, sous le contrôle de télévangélistes et prêcheurs autoproclamés *prophètes*, *chérubins* ou *cheicks*. Sous des airs de pop stars américaines, ils promettent des miracles et vendent de l'espoir aux ouailles en difficulté. Leur train de vie gargantuesque est aux antipodes de la misérable vie des fervents fidèles lobotomisés, qui, tels des imbéciles heureux, affichent des mines faméliques, patibulaires et se battent entre eux pour la suprématie de leur confession. Tout compte fait, le salut du développement de l'Afrique réside d'une part, en la renonciation aux religions et croyances du « maître » et, d'autre part, dans le retour à une « authenticité africaine ». Car « la religion fondamentale des peuples de l'Afrique [...] est le culte familial rendu aux ancêtres du lignage[86]. »

Le Vietnam, quant à lui, a su préserver son « authenticité » à toutes les étapes de son histoire tant coloniale que post-coloniale. Il s'est ouvert aux autres croyances sans toutefois se travestir. Pour rappel, « les premiers Français à aborder les côtes du Vietnam sont des missionnaires catholiques et ils y ont créé la plus grande communauté catholique d'Asie après les Philippines[87] ».

Au fil des siècles, malgré l'influence croisée de plusieurs religions qui y cohabitent pacifiquement, ce pays n'a pas pour autant abandonné la spiritualité qui fonde ses racines : le culte des ancêtres. C'est le « trait le plus saillant de la vie spirituelle vietnamienne[88] ». Il est pratiqué dans tout le pays et par tous les Vietnamiens, quelles que soient leur appartenance sociale et leurs idéologies politiques. Un Vietnamien, qu'il soit catholique, musulman, bouddhiste ou autre, est, tout d'abord et avant tout, entièrement dévoué à 100% au culte de ses ancêtres. Tout le contraire de certains Africains, véritables *crédulopathes*, qui sont mentalement contrôlés par les religions importées et imposées de force, vrais instruments de domination, d'aliénation et de division.

Cette division fatale au développement des Africains et de leurs pays est un sévère handicap hérité de la colonisation, ou du moins des colonisations arabo-musulmanes d'une part, et judéo-chrétiennes d'autre part. En effet, d'après Aminata Barry,

---

[86] Francis GEUS, Jean POLET, Jean DEVISSE, Louis PERROIS, « AFRIQUE NOIRE (Arts) - Histoire et traditions », *Encyclopædia Universalis* [en ligne], consulté le 21 octobre 2017. URL : http://www.universalis.fr/encyclopedie/afrique-noire-arts-histoire-et-traditions/.

[87] Henri de TURENNE, *Vietnam la perle de l'empire*, Antenne 2 & Pathé cinéma [documentaire TV], 1984.

[88] https://www.amica-travel.com/vietnam-le-guide-culturel/religions-croyances-vietnamiennes (consulté le 13/06/2014).

« l'Islam est à l'origine des guerres fratricides et des premiers sanglots en Afrique Noire. Depuis, plus jamais les Noirs ne retrouveront l'unité face à l'agresseur commun arabe et négrier blanc. Cette incapacité à s'unir leur est fatale » jusqu'à ce jour.

A chaque problème expliqué à l'Africain *crédulopathe*, il vous indiquera de prier Dieu, car seul ce dernier vous révèlera la solution. En amont, les *pasteurpreneurs* ont hélas fait un travail de sape sur le mental de nombreux Africains, dans le seul but de faire fructifier leur entreprise personnelle reposant sur le modèle économique du *Jesus-Business*.

Il me vient à l'esprit une anecdote pour illustrer cet ancrage du fier peuple vietnamien dans le culte des ancêtres. En consultation dans le cabinet de mon dentiste d'origine vietnamienne, M. Pham Ba Hung, installé dans la ville de Montpellier, alors que nous échangions sur la spiritualité du Vietnam, il me fit comprendre avec assurance que « le culte des ancêtres n'est pas seulement culturel au peuple vietnamien », mais qu'il leur « est naturel ». Tout est dit.

Globalement, le culte des ancêtres est le moteur de développement du Vietnam, le ciment fédérateur de tous les Vietnamiens qui repose entre autres sur la coutume d'exhumation et la géomancie, pratiques qui en font partie intégrante.

## La coutume d'exhumation et la géomancie

Au Vietnam comme dans de nombreux pays d'Afrique survit encore une vieille pratique coutumière : *l'exhumation des dépouilles*. Pour ces peuples, cette pratique est un véritable processus « d'ancestralisation du défunt[89] ». Elle a pour objectif de faire passer le défunt du monde des vivants à celui des morts et du monde des morts à celui des ancêtres, des « Saints », ce qui lui confère des pouvoirs protecteurs pour veiller sur sa descendance.

Au Vietnam, cette pratique d'exhumation a lieu à la fin de l'année lunaire. Selon le processus expliqué par un journaliste francophone de la radio *La Voix du Vietnam*, « le mort est inhumé provisoirement. Son corps, mis dans un cercueil en bois, repose sous une tombe en forme de parallélépipède de terre battue recouverte de gazon. Trois ou quatre ans après, quand la partie charnelle a disparu, on procède à l'exhumation et au transfert du squelette dans une autre sépulture.

Le choix de cette demeure définitive doit obéir à des règles de géomancie qui permettent de choisir un endroit bénéfique pour la postérité. Un terrain régi par une certaine configuration topographique, le souffle du Tigre Blanc ou celui du Dragon Bleu, etc., pourrait donner à la famille des rejetons misérables, des roturiers ou à l'inverse des aristocrates, ou même des rois.

Avant l'exhumation, il faut faire des sacrifices aux ancêtres, aux génies de la terre, celle que le mort va quitter et celle où il va. Le couvercle du cercueil étant enlevé, les membres de la famille se font un devoir pieux de ramasser tous les os, presque noirs comme l'ébène, pour les laver dans de l'eau parfumée. Les cheveux ceints du turban blanc du deuil, ils pleurent et se lamentent à haute voix comme lors de l'inhumation. Les ossements bien propres sont rangés selon un ordre minutieux dans

[89] Françoise DUMAS-CHAMPION, Le mort circoncis. Le culte des crânes dans les populations de la Haute Bénoué (Cameroun / Nigeria), p.33.

un petit cercueil en terre cuite, recouvert ensuite de papier d'or et de papier rouge ; ce cercueil est percé de trous pariétaux permettant la circulation des esprits gardiens du squelette. La tombe est un petit tertre arrondi de terre battue ou une petite construction en maçonnerie. Tout le rituel doit se dérouler avant l'aube. »

Au Cameroun, au sein de l'ethnie des Bamilékés, la pratique est presque identique. Quelques années après la mort d'un parent, ses descendants, après avoir consulté un géomancien qui déterminera la période favorable à l'opération, procèdent à l'exhumation du crâne seul et non de tous les ossements du défunt comme c'est le cas au Vietnam.

Le crâne est détaché du reste du corps, il est délicatement nettoyé et oint d'huile de palme puis il est placé dans un canari neuf et propre qu'on transfère vers la maison des ancêtres, sous la coordination et la supervision du géomancien qui, une fois à l'intérieur, détermine grâce à ses pratiques divinatoires le lieu indiqué de l'autel où sera ré-inhumé le crâne ainsi préparé.

L'étape de l'inhumation du crâne est accompagnée de rites sacrificiels aux ancêtres, aux génies de la terre et aux forces de la nature, mais aussi d'offrandes aux vivants. Le reste de la dépouille est recouvert de terre et une pierre tombale peut enfin être érigée. Mais, au préalable, avant l'exhumation, on aura pris soin de prélever un peu de terre qui servira à préparer dans des feuilles de bananiers une potion protectrice dont on prendra une noisette pour placer sur le buste (au niveau du plexus) de chaque membre de la famille. Cela est censé protéger et éloigner les mauvais sorts.

A Madagascar, l'anthropologue Rakotoson Gérôme présente à l'agence *Xinhua*[90] un rite de passage à l'ancestralité ayant les mêmes traits que ceux du Vietnam et du Cameroun. C'est le

---

90 http://french.news.cn/afrique/2010-07/07/c_13386981.htm (consulté le 20/03/2014).

« retournement des morts » encore appelé « exhumation » dont l'objectif est de « faire entrer le défunt dans le monde des ancêtres » et suivant les ethnies « les rites changent ».

D'après cet anthropologue, spécialiste de la culture malgache, « l'exhumation est déclenchée par un membre de la famille, qui songe qu'un défunt se sent avoir froid. Ce membre alerte toute la famille pour qu'une exhumation soit organisée. Si la famille accepte, un devin astrologue est consulté pour déterminer la date propice de la cérémonie ».

Il précise qu' « au jour-"J" de la cérémonie, avant de faire sortir du tombeau les dépouilles, l'orateur prononce ses discours "kabary", en utilisant des adages, des proverbes et des cantiques…».

Pour la partie finale du processus, il mentionne qu' « une fois que les dépouilles sont sorties du tombeau familial, leurs descendants passent au remplacement des linceuls » en recouvrant directement les anciens par des nouveaux linceuls.

« Après l'emballage des corps, les descendants des défunts marquent ensuite leur communion avec leurs ancêtres en tournant sept fois autour du tombeau en dansant tout en portant sur leurs épaules les corps des défunts récemment exhumés.

Après ces rites, les corps sont remis à leur place dans le tombeau familial et les descendants demandent à leurs ancêtres joie et prospérité ».

On trouve de telles cérémonies d'exhumation dans beaucoup de coutumes africaines et vietnamiennes. Elles sont mises en œuvre par l'un des descendants du défunt, qui a pour mission d'honorer l'âme de son aïeul, afin qu'elle ne soit pas condamnée à une errance éternelle dans le monde des ombres. C'est pourquoi il est très mal vu et vécu chez ces peuples de partir de ce monde des vivants sans postérité.

En outre, que ce soit au Vietnam, au Cameroun, à Madagascar et en tout autre lieu en Afrique, l'on constate une place centrale réservée à la géomancie dont le pilier est le géomancien. De par sa position spirituelle et son rôle central, le géomancien est le garant de la perpétuation du culte des ancêtres qui n'est rien d'autre que la conséquence du respect dû aux anciens qu'ont les Vietnamiens et les Africains. Il fait à la fois office de prêtre et d'haruspice, mais aussi et surtout de « psychologue », car ce qu'il dit peut apaiser ou perturber le quotidien des familles.

## Une forte identité culturelle

Je ne saurais entamer cette partie sans rendre un vibrant hommage au boxeur Mohamed Ali (17/01/1942 – 03/06/2016), parti pendant la rédaction de cet ouvrage. C'était un activiste des causes perdues dans le monde et le symbole de la mobilisation contre la guerre au Vietnam. Appelé à servir dans l'armée américaine en guerre au Vietnam, il refusa symboliquement de s'enrôler le 28 avril 1967. Pour cette objection, il fut condamné le 20 juin 1967 à une amende de 10 000 dollars et à 5 ans d'emprisonnement, suivis de la perte de sa licence de boxeur et de son titre. Certains chroniqueurs lui prêtent d'avoir déclaré : « je n'irai pas au Vietnam, je ne vois pas pourquoi des Noirs iraient bombarder des gens innocents (...) Aucun Vietnamien ne m'a jamais appelé négro. » Qu'il repose en paix.

Pendant la guerre d'Indochine qui opposa la France et le Vietnam du 19 décembre 1946 au 21 juillet 1954, de nombreux soldats africains, ignorant parfois la cause pour laquelle ils combattaient, vont se battre aux côtés des Français. Ces soldats coloniaux constituaient une part très importante des *effectifs*[91] du CEFEO (Corps expéditionnaire français en Extrême-Orient). 122 900 d'entre eux venaient du Maghreb (Algériens, Marocains et Tunisiens) sous l'appellation générique de « goumiers marocains » et 60 340 autres venaient de l'Afrique noire subsaharienne, communément appelés « Tirailleurs sénégalais ». Soit un effectif total de 183 240 soldats africains. Au final, près de 11 060 y trouvèrent la mort dans l'anonymat et 21 112 autres furent blessés.

Ces combattants vont connaître des fortunes diverses pendant et après la guerre. C'est le cas des soldats marocains. En 1953 et en pleine guerre, la France va contraindre à l'exil le roi du Maroc *Mohamed V* qui trouvera refuge en Corse. Mécon-

---

[91] Disponible sur le site : http://www.anai-asso.org/NET/document/le_temps_de_la_guerre/la_guerre_dindochine/forces_francaises_en_extreme_orient/index.htm (consulté le 23/07/2015).

tents du traitement réservé à leur roi auquel ils ont fait allégeance, de nombreux légionnaires marocains vont déserter les rangs de l'armée française et rejoindre l'armée vietnamienne. La plupart de ces hommes de l'armée royale vont se marier avec des Vietnamiennes et de nombreux autres soldats subsahariens feront de même ou entretiendront des relations charnelles avec des femmes vietnamiennes, desquelles unions naîtront de nombreux enfants.

A la fin de la guerre, une autre tragédie va se jouer. Certains militaires survivants vont quitter le Vietnam par bateau en amenant avec eux femmes et enfants ou seulement les enfants sans leurs mamans. D'autres, notamment les Marocains, vont s'y installer durablement et y fonder leur famille.

Au Vietnam, le président Hô Chi Minh, héros de la guerre de libération du Vietnam, conscient de ce brassage, favorisera la mise en place de mesures facilitant l'accueil et l'intégration des soldats marocains dans la société vietnamienne. C'est ainsi qu'il ordonnera la création d'une « plantation vietnamo-africaine » dans laquelle travailleront et vivront des centaines d'anciens soldats marocains en cohabitation avec des Vietnamiens.

En Afrique, selon le pays de provenance des soldats, de nombreuses familles mixtes afro-vietnamiennes, laotiennes et cambodgiennes s'installeront au Sénégal, en Côte d'Ivoire, au Benin, au Togo et dans d'autres pays. Le Sénégal étant le plus grand pourvoyeur de soldats, une importante communauté de métis (blasian) descendants de Sénégalo-Vietnamiens y est solidement installée et bien intégrée dans la société.

Bien que leur intégration n'ait pas été une mince affaire du fait de leurs différences socio-culturelles, les métis afro-vietnamiens ainsi que leurs mamans ont réussi à se faire une place. Cette communauté est bien représentée et représentative dans presque tous les domaines et secteurs d'activités. La réalisatrice française Laurence Gavron, qui vit à Dakar depuis 2002, lui a rendu un vibrant hommage dans son film *Si loin du Viet-*

*nam*. Projeté pour la première fois le 31 mai 2016, ce film chargé d'émotions met en scène la Sénégalo-Vietnamienne Hélène Ndoye Lame à la recherche de son passé, de ses souvenirs, de son enfance et de sa famille du côté du Vietnam.

Comme Hélène Ndoye Lame, de nombreuses autres personnes ont entrepris des démarches pour retrouver au Vietnam un fils, une fille ou tout autre parent perdu de vue depuis la fin de la guerre. La liste est loin d'être exhaustive, mais le cas de certaines personnalités a été recensé et mérite d'être relaté.

*Jean-Bedel Bokassa* (président de la RCA de 1966 à 1976, et autoproclamé empereur sous le nom de Bokassa Ier de 1976 à 1979). Il demande en 1970 aux autorités françaises de l'aider à retrouver sa fille Martine Nguyen, née de son premier mariage avec la belle Hué Thi Bà alors qu'il était soldat du CEFEO. Le consul français à Saigon, mandaté pour les recherches, lui présente d'abord une fille qui sera accueillie à Bangui avec sa mère le « 26 novembre 1970 ». En lisant la presse faisant écho de ces retrouvailles, la vraie Martine Nguyen découvrira la supercherie. Après de multiples communications avec Hué et Martine au cours desquelles des détails précis d'instants de vie de Bokassa lui sont rappelés, le président sera convaincu de leur identité. En janvier 1971, la vraie Martine Nguyen et sa mère Hué Thi Bà seront accueillies à l'aéroport de Bangui. Le président, magnanime, acceptera les deux « Martine » désormais sous son toit et il va les anoblir au rang de *princesses impériales* après son couronnement comme empereur.

*Jean Moutti Diomandé* (de son nom d'auteur *Jansen Morati,* anncien chef d'entreprise et ex-consultant pour le compte de la Banque mondiale en RDC). Il est né au Vietnam le 28 avril 1952 pendant la guerre d'Indochine. A la fin de la guerre, il rentre dès l'âge de 3 ans en Côte d'Ivoire, pays de l'Afrique de l'Ouest, avec son père. Sa mère, quant à elle, restera au Vietnam.

C'est désormais dans son nouvel environnement africain qu'il grandira, malgré l'hostilité à laquelle il fera face. Sa différence lui attirera brimades, sévices, violences physiques et morales. Il s'enfuit de la maison pour devenir un enfant de la rue. « Dans cet environnement de lutte acharnée pour survivre, il s'agrippe désespérément à une bouée de sauvetage imaginaire, comme point d'appui : sa mère ». Sa seule obsession était de rejoindre sa mère au Vietnam. Cette femme qu'il n'a jamais réellement connue, cette femme dont il ne garde que des bribes de souvenirs, mais qui est profondément et génétiquement ancrée en lui. Patiemment et obstinément, ce rêve démentiel d'enfant se transforme en projet d'adulte à portée de main.

D'où ce cri du cœur: *A nous deux, Maman, destination Viêt Nam*. Et, pour y arriver, « il a dû parcourir plus de 150.000 kilomètres en avion qu'il a emprunté 24 fois à l'occasion de ses différentes investigations ». Sa détermination et ses efforts seront récompensés et son rêve se réalisera le 7 mai 2002. Cinquante ans après, il retrouve sa mère au Vietnam. Par la même occasion, il découvre sur place une petite sœur nommée Maï dont il ignorait l'existence. « Il retourne avec sa mère et sa petite sœur en Côte d'Ivoire, le 15 mai 2002, à la rencontre de son père, éberlué par l'exploit de son fils ». Plus tard, il emmènera sa famille s'installer avec lui au Canada à Montréal, où il mourut le 4 octobre 2015 après avoir réalisé son plus grand rêve et accompli sa plus grande mission. Son livre intitulé *À nous deux, Maman : destination Viêt Nam*, relate cette histoire.

Outre le film *Si loin du Vietnam* sus-évoqué, de nombreux autres réalisateurs ont mis en scène les douloureux drames familiaux qui ont dévasté plusieurs familles après la guerre du Vietnam. C'est le cas de *40 Years of solitude* [92] réalisé par Sana El Younoussi et diffusé sur *Al Jazeera* qui rend hommage aux enfants et femmes (orphelins et veuves) d'ex-soldats marocains

---

[92] Disponible sur http://www.yabiladi.com/articles/details/23149/years-solitude-l-histoire-marocains-vietnam.html (consulté le 16/05/2014).

en faction au Vietnam. Certaines d'entre elles, devenues veuves, « vivent au Maroc en toute tranquillité ».

Dans la suite des documentaires sur l'histoire oubliée des Afro-Vietnamiens en quête de leur identité, *Indochine sur les traces de ma mère*, signé par le Béninois Idrissou Mora-Kpai, est un documentaire historique poignant, relatant l'histoire d'un avocat, descendant afro-vietnamien né pendant la guerre du Vietnam et rentré s'installer au Bénin avec son père et qui a pour projet de retrouver au Vietnam sa mère perdue de vue depuis une cinquantaine d'années.

## Les soldats africains à l'honneur

Le ralliement des soldats marocains du CEFEO à l'armée vietnamienne est symbolisé par la *Porte du Maroc,* un monument historique situé dans le district de Ba Vi à Hanoï. Construite en 1963 par des anciens soldats marocains, elle a connu deux restaurations, en 2009 et en 2016, aux frais de l'ambassade du Maroc au Vietnam. En revanche, il est regrettable qu'il n'existe au Vietnam aucun monument à la mémoire des soldats noirs des colonies tombés sur les différents champs de bataille. On sait peu qu'ils prirent part à la guerre d'Indochine.

L'une des seules informations que l'on a d'eux venant d'une autorité militaire vietnamienne de cette époque est celle de Huu Ngoc, officier de l'armée populaire en charge « du travail de persuasion auprès des prisonniers de guerre européens et africains en vue de les dissuader de la "sale guerre" ». Des tirailleurs, il dit : « nos prisonniers sénégalais nous frappaient par leur santé de fer, leur caractère bon enfant, leur jovialité... ».

Il y eut pendant longtemps un débat pour qualifier les « 78 soldats africains[93] » et les « 338 autres soldats nord-africains » passés dans les rangs de l'armée vietnamienne. Étaient-ils de simples lâches, des traîtres, des sycophantes ou bien des héros ralliés?

Vu le caractère inique et cynique de la guerre du Vietnam, il est aisé de conclure ce débat sur la qualification du contingent africain avec Adila Bennedjaï-Zou et Joseph Confavreux que « ce n'était pas des déserteurs, mais des ralliés, ce n'était pas des traîtres, mais des hommes imprégnés d'un idéal, ce n'était pas des félons, mais des convertis[94] ».

---

[93] « Officiellement, ont déserté 288 Français, 338 Nord-Africains, 78 Africains, 1373 légionnaires ». Sur la question, voir l'ouvrage de Doyon (Jacques), *Les Soldats blancs d'Hô Chi Minh*, Fayard, 1973.
[94] Adila BENNEDJAÏ-ZOU, Joseph CONFAVREUX, *Passés à l'ennemi. Des rangs de l'armée française aux maquis* Viêt-Minh 1945-1954, Tallandier.

## Hommage aux femmes indochinoises d'Afrique

De nombreuses femmes vietnamiennes ont convolé en justes noces avec des soldats africains. Il est justifié de leur rendre un vibrant hommage pour leur courage et leur détermination à vaincre la double peine qui les affligeait : l'exil et la discrimination. D'une part, au Vietnam, « être réduite à épouser un étranger, a fortiori un soldat sans grade ou un homme de couleur sans fortune, exposait une Vietnamienne aux mêmes discriminations et persécutions ». D'autre part, en Afrique, loin des leurs, elles ont souffert des affres de l'exil et du déracinement.

Bon an mal an, elles se sont adaptées et intégrées à leur nouveau pays, guidées par l'amour qu'elles avaient pour leurs maris et enfants. Cette séquence de vie douloureuse est savamment relatée dans la nouvelle de Anne-Marie Niane[95], *L'étrangère*[96] (*Hatier, Editions CEDA, Paris, 1985*), qui met en scène « l'histoire d'une vieille femme d'origine indochinoise, exilée à Dakar à la suite de son mariage avec Karim, un militaire sénégalais rencontré à Saïgon pendant la guerre du Vietnam » et qui sera confrontée à des incompréhensions comme la polygamie. Certaines de ces femmes sont aujourd'hui décédées avec le doux désir inassouvi de retourner un jour au Vietnam. A ces braves dames, une stèle devrait être dédiée pour leur rendre hommage, afin que les générations futures n'oublient point ce pan douloureux de l'histoire de l'humanité.

---

[95] « Anne-Marie COREA, épouse Niane, est née en 1950 à Hô-Chi-Minh-Ville (anciennement Saïgon). Anne-Marie Niane a passé sa petite enfance au Vietnam. Son père était originaire de Saint-Louis du Sénégal et sa mère de Saïgon, une ville où ses parents se sont rencontrés alors que son père était enrôlé dans l'armée française. Anne-Marie Niane avait 5 ans lorsque la famille est rentrée au Sénégal. Après des études primaires et secondaires au Sénégal, elle a résidé à Paris de 1968 à 1974 où elle a obtenu une licence d'anglais. ...».

[96] Grand Prix du 9ème concours de la meilleure nouvelle de langue française.

## L'empreinte du nom

L'authenticité vietnamienne se traduit aussi par un marqueur très fort : la *vietnamisation du nom.* Excepté les « viet kieu[97] » et la pratique d'adjonction informelle d'un prénom occidental ou chrétien au nom pour faciliter les échanges avec les étrangers, le Vietnamien, à sa naissance, porte un nom vietnamien (Exemple : *Le Van Tinh*), composé en principe de trois éléments monosyllabiques : le patronyme (ou nom) = *Le*, le mot ajouté (ou nom intercalaire) = *Van*, et le post-patronyme (ou prénom) = *Tinh*. En général, la grande majorité des Vietnamiens porte l'un des douze patronymes suivants: *Nguyen*, *Tran*, *Le*, *Pham*, *Vu*, *Ngo*, *Do*, *Hoang*, *Dao*, *Dang*, *Duong* et *Dinh*[98].

Lors de soirées, mes interlocuteurs vietnamiens étaient toujours étonnés de m'entendre déclarer, au moment des échanges de civilités, que je me prénomme *Valentin*. Étonnés, ils me demandaient tous en chorus: « es-tu Français ?» Puis, « comment un Africain peut-il s'appeler Valentin, qui est un prénom européen ?» Un peu confus, j'expliquais qu'il en est ainsi du fait de l'influence de la colonisation et de la christianisation de l'Afrique.

[97] Appellation pour désigner les Vietnamiens de la diaspora, nés, vivant à l'étranger ou ayant un des parents étrangers.
[98] Disponible sur : https://www.amica-travel.com/vietnam-le-guide-culturel/la-culture/noms-prenoms-vietnamiens (vu le 02/06/2014).

## Le respect viscéral du droit d'aînesse et la piété filiale

Les Vietnamiens et les Africains ont en commun une forte propension à la piété filiale. Le respect des parents, des aînés et des personnes adultes constitue pour ces peuples une vertu séculaire. Au Vietnam comme en Afrique, il n'est pas étrange de voir cohabiter dans le même appartement plusieurs générations. A l'intérieur comme à l'extérieur de la cellule familiale, le respect du droit d'aînesse est un impératif catégorique. Dans les lieux et transports publics, les moins jeunes cèdent spontanément leur place aux aînés et leur proposent instinctivement leur aide en cas de besoin. A la maison, ils prennent soin de leurs parents et de leurs ancêtres, manifestent et témoignent à leur égard leur amour, leur respect et leur soutien. Mais, aussi, ils font preuve de courtoisie et maintiennent entre eux la cohésion et la fraternité adelphique et/ou sororale. L'onomastique vietnamienne et africaine traduit également ce respect aux aînés.

Au Vietnam comme en Afrique, on ne peut appeler un aîné par son patronyme, le nom doit toujours être précédé par un substantif consacré pour le faire. Au Vietnam, par exemple, pour un aîné de sexe masculin, il faut faire précéder son nom par « anh », pour le petit frère/la petite sœur, le/la cadet(te) « em » et pour la grand sœur, « chị ». Au Cameroun, chez les Bamilékés par exemple, il faut utiliser le substantif « Zah » en premier pour désigner les aînés des deux sexes. Sans que cela ne choque, les questions fréquentes lors d'une première rencontre au Vietnam seront : *Quel âge as-tu ? Es-tu marié(e) ? As-tu des enfants ?* La réponse donnée permet de situer son interlocuteur sur une hiérarchie afin de lui appliquer la civilité *anh*, *em*, *chi* ou *kho* sus-évoquée.

En général, les Vietnamiens et les Africains sont très superstitieux. Il ne faut jamais féliciter une jeune maman de la beauté ou de l'embonpoint de son nourrisson, car, aigris, les mauvais esprits jaloux qui nous entourent pourraient s'en prendre à lui.

Il vaut mieux ne rien dire à ce propos, mais juste remercier Dieu d'avoir permis la naissance du bébé. Il ne faut non plus jamais poser la main sur la tête d'un enfant qui n'est pas le sien. Je me souviens encore dans ma tendre enfance que ma maman s'en prenait à quiconque osait poser ses mains sur ma tête. Selon ses explications, ma tête serait le siège de mon âme et de mon intelligence. En y posant la main, je risquais de me faire « voler » mon intelligence au risque de devenir par la suite stupide. Au Vietnam, c'est également la même interprétation qui est avancée pour justifier cet interdit.

Le respect des aînés et, par ricochet, le respect de soi, de sa hiérarchie et de son partenaire d'affaires sont perceptibles au quotidien tant au Vietnam qu'en Afrique. En Afrique, c'est avec les deux mains jointes que l'on salue les aînés, les autorités et les supérieurs hiérarchiques, sans soutenir longtemps leur regard et il en est de même au Vietnam, notamment dans l'échange des cartes de visite. Offrir sa carte de visite est presque un rituel au Vietnam. Elle se donne et se reçoit à deux mains avec interdiction de l'écorner, de la souiller en y portant des mentions. Elle se range soigneusement dans un étui après l'avoir regardée et appréciée en hochant la tête de l'avant en arrière pour exprimer tout son intérêt. Tout Africain qui envisage de commercer avec le Vietnam doit toujours disposer sur lui de cartes de visite et surtout satisfaire à ce rituel très apprécié dans le milieu intellectuel et des affaires au Vietnam.

Le culte des ancêtres et le respect viscéral du droit d'aînesse pratiqués au Vietnam et en Afrique sont les fondements de la piété filiale qui commande « d'être bon envers ses parents » ; de prendre soin d'eux ; de s'engager dans une bonne conduite non seulement envers eux, mais aussi envers d'autres afin d'honorer et ennoblir le nom hérité des ancêtres ; de bien exercer son métier de manière à obtenir les moyens matériels pour les soutenir et pouvoir ainsi procéder à des offrandes et sacrifices aux ancêtres ; de ne pas être déviant ; de démontrer amour et respect à nos interlocuteurs ; de faire preuve de courtoisie ; d'assurer des héritiers mâles et de maintenir la fraternité entre frères ; de judicieusement les informer de nos projets ; de compatir à leurs douleurs ; « d'afficher sa tristesse face à leur maladie et leur mort et d'effectuer des sacrifices après leur mort[99]. »

En réalité, le système de sécurité sociale étant encore balbutiant au Vietnam et en Afrique, un enfant, pour une grande majorité de parents vietnamiens ou africains, est une sécurité sociale, une assurance retraite voire une assurance vie, qui s'occupera de leurs vieux jours. Ce qui crée une course à la parentalité masculine. Toutefois, le respect rigoureux voué aux aînés et aux parents ne fait pas oublier que les sociétés vietnamiennes et africaines sont encore très machistes.

---

[99] Disponible sur le site https://fr.wikipedia.org/wiki/Pi%C3%A9t%C3%A9_filiale (consulté le 19/06/16).

## Le machisme africain et vietnamien

Les Vietnamiens et les Africains sont des machos devant l'éternel. Ils s'attribuent le droit à plusieurs fidélités et font usage de métaphores alambiquées pour nommer leurs différentes conquêtes. Par exemple, au Vietnam, la femme légitime et officielle est appelée « Com », ce qui littéralement veut dire le « riz » et la maîtresse, la concubine, est appelée « Pho » qui signifie littéralement « soupe ». L'Homme ne pouvant pas se nourrir éternellement et uniquement de riz, il est bon pour lui de souvent combler son appétit glouton avec une soupe.

En Afrique, le schéma machiste est semblable. La femme officielle connue dans le village ou la cour commune est appelée «1$^{er}$ bureau», tandis que la maîtresse est désignée « 2$^{e}$ bureau ». Il n'est pas exclu que plusieurs officines de jouissance soient ouvertes, pouvant aller jusqu'au « 5$^{e}$ bureau ». Tout dépendra alors de la capacité financière de Monsieur à gérer plusieurs comptoirs de plaisirs. Il faut tout de même signaler qu'au Vietnam comme en Afrique, les femmes ne sont pas exemptes de tout reproche dans ce schéma social, tant elles sont nombreuses qui multiplient les amants soit pour s'affirmer, soit pour se faire entretenir et se mettre à l'abri du besoin matériel.

L'autre aspect du machisme africain et vietnamien est la forte pression sociétale sur les femmes. Dans ces sociétés, l'institution du mariage reste très forte et incontournable à cause des « coutumes et traditions ». Cela entraine forcément des dérives au détriment des femmes. Au Vietnam par exemple, pour éviter d'être stigmatisées et couvrir leur famille de honte, des jeunes femmes célibataires, enceintes et sans mari sont souvent dans la pénible obligation d'organiser des « mariages Potemkine »[100] pour sauver la face, c'est-à-dire des mariages

---

[100] Agence France Presse, *Au Vietnam, le business des mariages Potemkine*, in *Le Point* du 26/02/2018 [en ligne], http://www.lepoint.fr/insolite/au-vietnam-le-

factices avec l'aide de « maris figurants » qui sont de véritables acteurs loués pour la circonstance. L'acte d'état civil dressé, les festivités célébrées et les reportages photos/vidéos réalisés, la jeune mariée pourra alors expliquer preuve à l'appui aux plus téméraires des curieux, que le mari s'est soustrait après le mariage. Il en est de même pour les couples morganatiques qui n'ayant pas reçu le consentement parental, organisent des mariages factices avec des « familles » et « convives » loués.

En Afrique, c'est la cérémonie d'avant mariage appelée « dot » qui frôle l'indécence. C'est la compensation matérielle et/ou financière que reçoit symboliquement un père en échange, du mariage de sa fille avec son futur époux. Qualifiée de « symbolique », la dot n'a de symbole que le nom car son coût est exorbitant et la liste des objets demandés par le père et sa famille est interminable. Pire encore, en cas de divorce, la fille divorcée est tenue de rembourser intégralement tout ce qui a été préalablement perçu par sa famille. En réalité, cette contrepartie est une véritable « vente », une cession d'être humain qui tire son fondement dans des pratiques de servage de l'Afrique précoloniale où la seule force de travail était humaine. Par la dot, le père se faisait indemniser en quelque sorte pour compenser la perte d'une force de travail et amortir les frais d'éducation et d'entretien investis pour élever sa fille. Une fois mariée, cette dernière « consacrait souvent le restant de sa vie à rembourser cet investissement par le travail et les prestations sexuelles ». Avec l'arrivée des colons arabo-musulmans et judéo-chrétiens, elle a trouvé une justification religieuse à la fois dans le coran et la bible imposés aux Africains.

Comme on le constate, la dot est un asservissement à bannir. Comment un parent peut-il « vendre » ce qu'il a de plus précieux au nom d'une coutume ? Comment peut-on « céder » moyennant contrepartie le sang de son sang, la chair de sa chair, les gènes de ses gènes au nom d'une tradition ? Un enfant, fût-il

---

business-des-mariages-potemkine-26-02-2018-2197854_48.php (vu le 14/03/2018).

une fille est précieux, hors de commerce, inaliénable et revêt une valeur inestimable qui ne peut pas à juste titre être symbolique. La dot est une entrave à la dignité et à la liberté de la femme. Heureusement, de nombreux pays africains comme l'Ouganda, édictent des lois pour la rendre « illégale » et « inconstitutionnelle ».

Par ailleurs, à la décharge de la gent masculine, certaines filles à cause du poids de la culture et de la pauvreté, sont habitées par des mentalités *cendrillones*. Elles pensent encore, à tort ou à raison, que le mariage est pour elles une étape obligatoire et sacrée dans leur vie. A tel point qu'elles sont nombreuses qui, par convention sociale, aiment plus souvent le mariage que le mari. Passée la quarantaine, voire la trentaine, il est difficile pour une Vietnamienne ou une Africaine de trouver un homme qui veuille l'épouser car elle ne serait plus de première fraîcheur et par conséquent, est considérée comme vieille et fanée.

Si par extraordinaire, elle est veuve ou mère célibataire/divorcée avec enfant, il est plus compliqué, voire impossible, pour elle de reconstruire sa vie, même dans une union recomposée, car elle perd tout crédit auprès des hommes pour être leur épouse officielle et légitime.

Tant au Vietnam qu'en Afrique, cette situation crée des souffrances dans les couples. D'une part, des gens qui ne s'aiment plus s'obligent, par convention sociale, à cohabiter et faire semblant d'être heureux sans divorcer. Et, d'autre part, on assiste à une inflation du *polyamour* de fait, qui arrange presque tout le monde. Mais il faut tout de même avouer que l'ouverture à la culture et aux mœurs occidentales fait inverser la courbe de tolérance, car, peu à peu, les mentalités changent. Le célibat et l'union libre sont, de nos jours, mieux assumés et ne choquent plus autant.

## La vie dehors

L'animation dans les rues est constante au Vietnam et en Afrique. Les sonorités sont mélodieuses et envoûtantes, les senteurs des épices sont enivrantes, les cris stridents sont polyphoniques, les klaxons incessants sont tournoyants, les vrombissements des tuyaux d'échappement des motos sont pétaradants et, comme si toute cette constellation de décibels ne suffisait pas, les rues sont toujours encombrées par une kyrielle de petits commerçants de tous âges. Au Vietnam comme en Afrique, il y a de nombreux corps de métiers du secteur informel qui ont disparu depuis belle lurette sous d'autres cieux. Mais c'est cette (dé)structuration sociale qui fait leur charme.

Au Vietnam comme en Afrique, l'occupation de la rue n'obéit à aucune notion compréhensible d'aménagement du territoire. Le « Street Food » y est très répandu. Dans ces pays, presque tout le monde mange dans la rue debout, assis ou accroupi. *Com boui* au Vietnam, *tourne-dos* au Cameroun, *malewas* en RDC, *maquis* en Côte d'Ivoire, *yummy* au Nigéria, *tangana* au Sénégal sont autant d'appellations pour désigner les bouis-bouis qui font partie du décor de ces pays. De qualité correcte, certains côtoient des poubelles et s'aromatisent des exhalaisons fétides qui s'en dégagent. Bon appétit ! Aux abords de ces restaurants s'activent des échoppes et ateliers délabrés d'artisans toujours souriants, malgré l'âpreté de leur quotidien.

Cette capacité à rester flegmatique et à afficher un sourire immuable en toute circonstance est une vertu partagée dans les deux pôles. Comme si leur difficile quotidien et leurs insurmontables problèmes n'avaient aucun effet sur leur moral. Sous d'autres cieux, l'on compterait à la pelle un grand nombre de dépressifs et déséquilibrés psychologiques sous traitement anxiolytique. Malgré les conflits qui surviennent entre eux, commerçants, clients et badauds arrivent toujours à trouver, en souriant, la voie de la paix au milieu d'un bal incessant de motos.

## Le règne des motos-taxis

Le spectacle de rue le plus surprenant et amusant est de voir les occupants des motos-taxis s'en servir comme lit pour dormir et faire calmement leur sieste au milieu d'un tintamarre indescriptible. « Bendskin » au Cameroun, « kabu-kabu » au Niger, « okada » au Nigeria, « oléyia » au Togo, « boda boda » au Kenya et Ouganda, « vélo-taxi » au Sénégal, « zémidjan » au Bénin et « xe ôm » au Vietnam, les motos-taxis d'Afrique et du Vietnam ont presque les mêmes particularités et obéissent aux mêmes codes. A bien y regarder, ce sont des *frères siamois* liés par télépathie.

Malgré tout, ce sont de bons ambassadeurs de leur ville qu'ils connaissent mieux que quiconque et ils ont l'art de la surcharge. Non seulement ils transportent plus de deux à trois personnes sur leur moto, mais aussi des marchandises et des objets encombrants habituellement adaptés aux véhicules. Ce sont des négociateurs hors pair, d'où le conseil de toujours négocier et s'accorder de manière ferme et consensuelle sur la destination et le prix avant tout déplacement. Sinon, gare aux incompréhensions et aux problèmes à l'arrivée. Ils respectent peu le code de la route et ne se soucient pas assez des règles de sécurité, ce qui en fait une activité très accidentogène.

A bien observer les conducteurs des motos-taxis au Vietnam et en Afrique, on croirait qu'ils se sont passé le mot et obéissent à un même code de travail et de conduite, tant les comportements, les réactions et les manières sont presque identiques. L'embrouille avec les clients peut aussi être l'un de leurs sports favoris.

## De forts liens sportifs

Des liens très forts existent entre le Vietnam et l'Afrique sur le plan sportif. Le *vovinam* et le football sont les disciplines sportives qui établissent le mieux les ponts entre les deux.

Le *Vovinam Viet Vo Dao* est un art martial vietnamien créé en 1938 au Vietnam, plus précisément à Hanoï par *Maître Nguyen Loc* encore appelé « Le Maître Fondateur ». Le Vovinam Viet Vo Dao se démarque et se distingue des autres arts martiaux par ses ciseaux acrobatiques très spectaculaires et fulgurants. Le 10 janvier 2012 sera créée à Alger (Algérie), la confédération africaine de cette discipline en présence de 13 pays membres fondateurs.

Le Vovinam Viet Vo Dao est très vivant en Afrique, notamment en Afrique de l'Ouest et en Afrique du Nord (Maghreb). L'Algérie seule comptait, en 2015, « 180 clubs et 12.000 pratiquants à travers tout le pays[101] ». Cette présence significative peut s'expliquer par le fait que ces parties de l'Afrique ont des relations très anciennes avec le Vietnam depuis la période coloniale, mais aussi par la présence de fortes communautés vietnamo-africaines, descendant des « tirailleurs sénégalais » de la guerre d'Indochine. L'engouement et la ferveur que suscite la pratique de cet art martial sont remarquables. C'est un vecteur de la culture et de « l'art de vivre à la vietnamienne » en Afrique de l'Ouest et du Nord. Ce sport doit être diffusé et étendu dans tout le reste de l'Afrique. Le travail de diffusion doit être mené par l'entremise des centres culturels Hô Chi Minh que devrait créer le gouvernement vietnamien.

A plusieurs reprises, de nombreux Africains ont été sacrés champions du monde de cette discipline et l'Afrique a même

---

[101] http://vovinam-vietvodao.com/fr/news-actus/44-actus/infos-vovinam-afrique/788-prochain-4e-championnat-du-monde-de-vovinam-en-algerie.html (vu le 21/01/16).

abrité, du 29 juillet au 2 août 2015 en Algérie, une édition du championnat du monde de Vovinam. C'est l'une des disciplines sportives au monde dont l'Afrique a accueilli une édition de coupe du monde comme ce fut le cas avec le rugby en 1995 et le football en 2010.

Dans l'histoire du football, il faut remonter au 22 septembre 1959 pour assister au premier match international du Vietnam contre l'équipe du Front de libération nationale algérien de football qui s'est soldé par un score de 5 buts à 0 en faveur de l'Algérie. Cette équipe algérienne fondée le 13 avril 1958 cessera d'exister en 1963 pour laisser la place à l'équipe d'Algérie de football plus connue sous l'appellation « Les Fennecs ». Ce match historique avait des enjeux ouvertement politiques car « le football recelait un potentiel hautement subversif en contexte colonial[102] » et était un vecteur de mobilisation parce ce qu'en Afrique comme au Vietnam le football avait « une forte popularité [103]» pendant la période coloniale.

Même si certains jeunes footballeurs africains, victimes d'agents véreux, sont souvent délaissés et abandonnés à leur propre sort dans les rues du Vietnam, d'autres, par contre, ont un destin différent. A ce jour, l'Afrique s'exporte *footbalistiquement* bien au Vietnam et de nombreux Africains évoluent au sein de la ligue vietnamienne de football, la « V-League ». D'ailleurs, la plupart d'entre eux se sont naturalisés[104] comme nous le présente le tableau suivant. Ils sont désormais Vietnamiens et peuvent prétendre à une sélection chez les « Ngôi Sao Vàng » (*les Étoiles Dorées*), la glorieuse équipe nationale de football du Vietnam.

---

[102] A. LARCHER -GOSCHA, Du Football au Vietnam (1905-1949) : colonialisme, culture sportive et sociabilités en jeux, In Outre-mers, Année 2009/Volume 96/Numéro 364, p.71.
[103] *Ibid*, p.72.
[104] https://en.wikipedia.org/wiki/List_of_Vietnam_footballers_born_outside_Vietnam (consulté le 26/06/2016).

| *Nom viet-namien* | *Nom d'origine* | *Pays de naissance* | *Club en 2016* | *Date naturali-sation* |
|---|---|---|---|---|
| Lê Hoàng Phát Thierry | Ngale Jiemon Thierry | Cameroun | Sông Lam Nghệ An | 11/5/11 |
| Nguyễn Hằng Tcheuko Minh | Tcheuko Elmakoua Benoit | Cameroun | Kienlong-bank Kiên Giang | 23/4/13 |
| Đinh Hoàng Max | Eyerapo Maxwell | Nigeria | Xi măng VinaKansai Ninh Bình | 22/1/09 |
| Trần Lê Martin | Katsigazi Ronald Martin | Ouganda | Hòa Phát Hà Nội | 9/6/09 |
| Phan Lê Isaac | Mylyanga Isaac Kamu | Ouganda | Hòa Phát Hà Nội | 9/7/09 |
| Nguyễn Rodgers | Wandwasi Rodgers | Ouganda | Thanh Hoá | 11/5/11 |
| Hoàng Vissai | Dio Preye | Nigeria | Xi măng The Vissai Ninh Bình | 2/4/10 |

| *Nom vietna-mien* | *Nom d'origine* | *Pays de naissance* | *Club en 2016* | *Date natura-lisation* |
|---|---|---|---|---|
| Đặng Amaobi | Amaobi Uzowuru Honest | Nigeria | SQC Bình Định | 11/5/11 |
| Nguyễn Quốc Thiện Esele | Theophi-lus Esele | Nigeria | Be-camex Bình Dương | 13/5/13 |
| Hoàng Vũ Olaleye Samson | Samson Kayode Olaleye | Nigeria | Hà Nội T&T | 24/9/13 |
| Lê Văn Tân | Jonathan Quartey | Ghana | Hà Nội ACB | 11/5/11 |
| Lê Văn Phú | Ansah Issifu | Ghana | Khatoco Khánh Hòa | 10/1/12 |
| Lê Tostao | Fungai Tostao Kwashi | Zimbabwe | Thanh Hoá | 24/3/10 |

# Perspectives et enjeux

## Promotion du modèle des jeunes volontaires (sinh viên tình nguyện) en Afrique

Les jeunes volontaires ou plus précisément les forces des jeunes volontaires du Vietnam sont une ligue de jeunesse créée en juillet 1950 par le président Hô Chin Minh dans un contexte de guerre. Pendant les années de résistance, cette organisation a fortement et activement contribué à la victoire du Vietnam contre les agresseurs. Après la guerre, les jeunes volontaires ont été déployés dans les zones montagneuses, détruites par la violence des combats et difficilement accessibles, pour apporter un soutien aux populations locales et œuvrer à la reconstruction et au développement socio-économique de ces zones.

Aujourd'hui, ils sont toujours très actifs au Vietnam et ont des missions de service public. Ils sont facilement identifiables par leur uniforme coloré constitué d'une chemise ou chemisette bleue frappée d'un écusson rouge, d'un pantalon jeans bleu, et coiffés d'un chapeau vert à large bord. Ils aident la police à réguler la circulation, ainsi que les enfants et les personnes âgées à traverser la chaussée. Ils sont présents à des endroits où les feux tricolores sont défaillants. Lors des périodes de grands concours et examens d'entrée dans les universités et grandes écoles du Vietnam, ils sont postés dans les gares routières, ferroviaires et aérogares pour accueillir et diriger, partout où le besoin se fait sentir, les familles venues des campagnes et de l'arrière-pays pour ces différentes évaluations nationales.

Le « mouvement des jeunes volontaires vietnamiens » est semblable au « mouvement des pionniers » créé en son temps au Burkina-Faso par le capitaine Thomas Sankara, qui, de son vivant, ne manquait pas d'exprimer son admiration pour Hô Chi Minh et son adhésion aux valeurs anti-impérialistes.

Personnellement, c'est l'une des organisations qui m'a le plus impressionné au Vietnam, tant par la noblesse de ses missions et la discipline de ses membres que par le sens patriotique très élevé de ses adhérents. Je rêve de voir une telle organisation être dupliquée en Afrique et apporter un appui aux différentes administrations existantes.

## Création de musées itinérants et promotion de journées de la culture vietafricaine

Concernant les musées itinérants, c'est la traduction en fait de la *diplomatie mémorielle*. Cela consistera à amener le Vietnam historique et héroïque vers les Africains à travers une série d'expositions, de vernissages, de projections cinématographiques et documentaires, de conférences en relation avec le passé épique du Vietnam. Ce type d'action périodique à travers le continent africain aura un succès garanti. Comme il a été démontré tout le long de cet ouvrage, les Africains ont une très grande sympathie pour le Vietnam et ils seront ravis d'en savoir davantage sur ce passé héroïque.

S'agissant des journées de la culture vietafricaine, c'est l'expression de la *diplomatie culturelle*. Elles auront pour objectif de renforcer les échanges culturels et les relations d'amitié entre les peuples vietnamien et africain. Les vietnamologues, les vietafricains, les « amis du Vietnam », les journalistes vietafricains spécialisés sur le Vietnam et/ou l'Afrique ainsi que les officiels vietnamiens seront mis à contribution pour la réussite de ces journées. Ils participeront à des débats sur les perspectives de développement et les opportunités économiques entre le Vietnam et l'Afrique.

Les « Instituts Hô-Chi-Minh » ou « Centres culturels Hô Chi Minh », à créer, serviront de points d'ancrage aux différentes manifestations.

## Création de centres culturels Hô Chi Minh

La langue est et reste un puissant instrument de communication entre les hommes et un vecteur de développement économique. Pour commercer, il faut se parler en une langue compréhensible. Si le Vietnam entend véritablement se projeter en Afrique, il doit œuvrer pour l'enseignement, la valorisation et la diffusion de sa langue, le « tieng viet ».

A cet effet, il lui faut un instrument institutionnel d'apprentissage pour mener à bien cette mission et je pense à la création d'un « Institut Hô-Chi-Minh » ou encore d'un « Centre culturel Hô-Chi-Minh ». Cette institution enseignera le vietnamien et la culture vietnamienne aux citoyens (étudiants, hommes d'affaires, curieux…) des pays dans lesquels elle sera implantée. Les meilleurs apprenants qui se seront distingués au cours de l'apprentissage pourront se voir octroyer des bourses d'études pour approfondir leur formation au Vietnam notamment à « l'Université des sciences sociales et humaines de Hô-Chi-Minh-Ville qui accueille des milliers d'étudiants étrangers qui viennent étudier la langue, la culture et l'histoire du Vietnam[105] » ainsi que dans d'autres universités du pays et ce, dans des disciplines variées. Ils constitueront ainsi un vivier d'interlocuteurs valables entre les deux bords pour porter haut les valeurs du vietafricanisme.

Le réseau des « Instituts Hô Chi Minh » ou « Centres culturels Hô Chi Minh » pourra être placé sous la tutelle académique de la Faculté de vietnamologie créée en 2008 au sein de l'Université des sciences sociales et humaines de Hô-Chi-Minh-Ville. La certification *AUN-QA*, décernée à cette faculté en 2012 par le réseau universitaire des pays de l'ASEAN pour valider la qualité de ses enseignements, est un gage de son savoir-faire dans la transmission de la culture vietnamienne.

---

[105] Disponible sur l'URL : https://www.lecourrier.vn/la-vietnamologie-devient-une-discipline-internationale/112949.html (consulté le 241/10/2017).

## Promotion des fusions culturelles

Musbaba, artiste musicien chanteur du Mali, initie des programmes de fusion culturelle avec des artistes musiciens vietnamiens dans le cadre de son projet « Fusion project ». De telles initiatives sont à encourager et à multiplier.

Toujours sur le plan artistique, il émerge depuis quelques mois déjà à Hô-Chi-Minh-Ville, une jeune prodige du mannequinat et des arts musicaux au Vietnam en la personne de Nahfeh Dohmatob encore appelée Huỳnh Tiên. C'est une blasian dont les parents sont d'origine camerounaise et vietnamienne. Elle a été élue miss Hutech (Ho Chi Minh University of Technology) 2012.

A son actif, elle participe à plusieurs concours de chansons au Vietnam, s'investit dans le stylisme-modélisme, peint et dessine. Il est à espérer qu'à l'avenir elle saura porter des projets à valeur ajoutée entre le Vietnam et l'Afrique. Peut-être sortira-t-il un jour de son imagination créatrice un projet de « Ao daifrica », le vêtement traditionnel vietnamien appelé « ao dai » fait et cousu avec du tissu pagne aux motifs africains.

## Traduction et diffusion des productions de Nollywood

Selon les résultats d'une enquête mondiale sur le cinéma menée par l'Institut de statistique de l'Unesco (ISU) en 2013, l'industrie cinématographique nigériane, baptisée *Nollywood*, « produit une cinquantaine de films par semaine, ce qui la place au deuxième rang après Bollywood en Inde et devant Hollywood aux États-Unis ». L'expression « Nollywood [106] » est une

[106] http://www.un.org/africarenewal/fr/magazine/mai-2013/le-cin%C3%A9ma-nig%C3%A9rian-une-mine-d%E2%80%99or-potentielle (consulté le 23/03/2015).

contraction de *Nigéria* (N) et *Hollywood* (ollywood). En outre, le Nigeria est le seul pays d'Afrique noire à produire lui-même les images qu'il consomme. Cette gigantesque production cinématographique a un énorme impact sur le public et est « très appréciée des Africains du continent et du monde entier ».

Les histoires et les scénarios de Nollywood ont une forte intensité dramatique et peuvent être adaptés, traduits et importés dans la société vietnamienne qui apprécie ce registre cinématographique. Le succès des films et séries dramatiques sud-coréens au Vietnam est un indicateur qui peut présager de la réussite des films nigérians sur ce marché. Des films avec des acteurs des deux bords peuvent aussi favoriser l'émergence de ce marché cinématographique.

En outre, le canal cinématographique est aussi une tribune dont peuvent se saisir les opérateurs économiques et les annonceurs pour promouvoir leurs produits à travers les deux bords.

## Importation du système d'adressage vietnamien

L'urbanisation de certains quartiers, villages et villes du Vietnam est, à quelques exceptions près, configurée comme celle de l'Afrique. Mais, contrairement aux villes, villages et quartiers d'Afrique qui ne sont pas dûment dénommés, numérotés et adressés, ceux du Vietnam le sont. Avenues, rues, ruelles, pistes, sentiers et artères sont équipés de panneaux et panonceaux signalant le nom et/ou le numéro de la voie ainsi que de plaques de numéros sur les immeubles qui les jouxtent. Le système d'adressage au Vietnam est une réalité aussi bien dans les quartiers formels qu'informels, dans les villes structurées ou non. Il est de ce fait facile pour quiconque de se repérer et s'orienter grâce à la simple lecture des panneaux ou d'une carte.

A l'opposé des rues des villes séculaires occidentales qui sont des angles droits, des parallèles et des perpendiculaires où chaque porte de maison donne sur une voie, celles d'une grande partie de l'Afrique et d'une infime partie du Vietnam sont biscornues et les portes de maison donnent le plus souvent sur la cour du voisin.

Malgré de nombreux projets d'adressage de grande ampleur lancés dans certains pays d'Afrique francophone et financés par l'AIMF (L'Association internationale des maires francophones) en partenariat avec l'Union européenne, aucun n'a donné une satisfaction générale.

Par conséquent, l'expérience du Vietnam, en adressage des zones structurées et non structurées (in)accessibles en voiture et/ou motocyclette, peut être intéressante pour bon nombre de pays d'Afrique. Un bon système d'adressage constitue le passage obligé pour arriver à la maîtrise de la gestion des villes, des politiques urbaines mais aussi de l'établissement des statistiques fiables pour l'aménagement du territoire et de la collecte efficiente des impôts, gages du développement.

## Promotion des offres de formation académique au Vietnam

Les destinations privilégiées par les Africains pour la poursuite de leurs études sont traditionnellement l'Europe et l'Amérique. Car ces deux continents proposent une offre de formation diversifiée et qualifiante dans des domaines de pointe que l'on ne trouve pas forcément sur le continent. Or, depuis quelques années, l'éducation au Vietnam est montée en grade et a pris du galon. Sûrement, mais résolument, le Vietnam est devenu une « nouvelle terre d'accueil pour les étudiants internationaux[107] », venant du monde entier.

[107] http://lecourrier.vn/vietnam-nouvelle-terre-daccueil-pour-les-etudiants-internationaux/210168.html (consulté le 20/01/2016).

Et pour cause, le Vietnam a amélioré ses offres de formation dans ses différents campus situés à travers le pays ; il a en outre procédé à des jumelages avec des universités réputées de par le monde et les diplômes délivrés sont autant reconnus par le Vietnam que les Etats parties au jumelage.

Pour exemple, le diplôme de Master obtenu à l'issue de la formation de «Master 2 Droit de la coopération économique et des affaires internationales » dispensé à l'Université nationale du Vietnam, soutenu et encadré par les Universités de Lyon 3, Toulouse 1, Bordeaux 4 (France), l'Université libre de Bruxelles (Belgique) et l'Université Laval (Québec-Canada) est à la fois reconnu par l'Union européenne (28 pays), le Canada et le Vietnam.

Dans le domaine technologique, le Vietnam a des unités et filières de formation de qualité parmi lesquelles le *FPT University*, une université privée en technologies de l'information et de la communication située à Hanoï et créée par la puissante société du même nom. Il existe également la *HUTECH University* qui est une université technologique basée à Hô-Chi-Minh-Ville. Dans ces différents campus, on rencontre, parmi les étudiants internationaux, une minorité d'Africains venant principalement du Ghana et du Nigéria.

Enfin, l'IFI, *l'Institut de la Francophonie pour l'informatique,* situé à Hanoï, qui est une école internationale d'études supérieures, dépendant de l'agence universitaire de la Francophonie. Il propose une formation de niveau Master dans les domaines de l'informatique. L'entrée se fait par concours et les diplômes obtenus ont une valeur sur le marché de l'emploi des services informatiques. Les étudiants qui en sortent sont prisés sur le marché de l'emploi à travers le monde et concluent des contrats aux conditions avantageuses.

## Inspiration de la *distance historique* ou du *kilomètre historique* vietnamien

L'expression *kilomètre sentimental* est le fait qu'une situation, une histoire, un évènement ou une personne pour nous émouvoir doit être proche de nous. Autrement dit, notre intérêt pour un fait ou pour quiconque est inversement proportionnel à la distance qui nous sépare. Ce qui peut être résumé par le funeste « loin des yeux, loin du cœur » et a contrario « proche des yeux, proche du cœur ».

Par analogie à cette expression, les Vietnamiens ont développé ce qu'il convient de nommer le *kilomètre historique* ou encore la *distance historique*. En effet, malgré leur histoire dure, cruelle et sanglante, les Vietnamiens ont su prendre de la distance avec ce passé violent mais lointain et ont fait montre d'un haut degré de pardon et d'optimisme.

Il ne faut non plus croire que « pardonner » c'est « oublier ». Non, le Vietnam n'a jamais oublié et n'oubliera jamais. Les monuments aux morts, les stèles, les « musées de la guerre », les noms de rue et les différentes célébrations et hommages sont autant de preuves que le devoir de mémoire est vivant et présent au Vietnam et se transmet entre générations. Chaque coin et recoin du Vietnam rappelle que des héros et héroïnes sont tombés pour que ce pays du Mékong reste débout, soudé et fort.

De ce passé douloureux, tiraillé entre domination, colonisation et guerre, le Vietnam a choisi de ne retenir que des aspects positifs : « la construction de l'Etat-nation [108] », l'architecture coloniale, l'enseignement, la culture et la francophonie. C'est d'ailleurs grâce à l'usage du français que les leaders indépendantistes des ex-empires coloniaux français de par le monde communiquaient pour fomenter des révolutions anti-impérialistes.

---

[108] Pierre JOURNOUD, interview accordée au *Figaro* du 06/09/2016.

« Les Vietnamiens sont étonnants de par leur faculté à pardonner » [109]la Chine, la France, le Japon et les Etats-Unis. Tout rapport entre ces différents pays belligérants et le Vietnam aurait pu être relégué dans les abysses de l'histoire. Que nenni ! Pour le Vietnam et le Vietnamien lambda, cette sombre histoire « c'est du passé » et ce qui compte désormais « c'est l'avenir ». Aujourd'hui, selon le Moniteur du commerce international, (MOCI), parmi les principaux partenaires économiques du Vietnam, figurent en tête de liste ses adversaires d'hier, la Chine, le Japon, la France et les USA. Ces relations commerciales décomplexées contribuent à accélérer son développement.

La puissance du « pardon » du Vietnam ex-colonie et la force de sa vision résolument tournée vers l'avenir sont-elles la même démarche initiée par l'Afrique et les Africains ?

Visiblement non ! Force est de constater que l'Afrique est restée sclérosée dans son passé colonial. La jeune génération pourtant surdiplômée, hyper-connectée et ouverte sur le monde ne cesse de ressasser ce passé colonial avec une certaine rancœur à l'égard des ex-colons. Or, étant « une génération qui n'a jamais connu l'Afrique coloniale [110] », elle doit normalement faire preuve d'ouverture d'esprit et instaurer des relatons décomplexées avec les colons d'hier au lieu de dépenser autant d'énergie en s'enfermant dans un passé qu'elle n'a pas connu. Il ne s'agit point d'oublier le passé historique douloureux. Mais il s'agit de pardonner et repenser autrement l'avenir sur des rapports d'égalité comme l'a fait le Vietnam.

Comme le conseille Kako NUBUKPO, l'Afrique, en l'occurrence francophone, doit sortir des fantasmes qu'entretiennent beaucoup de jeunes, notamment de la diaspora, sur les réseaux sociaux, d'un complot de l'État français contre l'Afrique. Aux jeunes Africains d'« oser inventer leur avenir ».

---

[109] Tiphaine LEBLANC, *Vietnam : un voyage écolo et éthique*, Editions Viatao.
[110] Emmanuel MACRON, président français, discours de Ouagadougou, Burkina-Faso, le 28 novembre 2017.

# Conclusion

Notre balade à travers le Vietnam et l'Afrique nous a sûrement amené à constater que la faune, la flore, les gens, les usages, les mœurs, les techniques et les rites sont, à quelques exceptions près, semblables. Il n'est donc pas exagéré, ni dithyrambique, de dire que le Vietnam est une Afrique en miniature. Sauf que le Vietnam a réussi le pari du développement économique là où l'Afrique a lamentablement échoué malgré de nombreuses réformes et ajustements de la Banque mondiale et du « FMI que Tchuindjang Pouemi traitait à juste titre de "fonds de misère instantanée", n'en déplaise à tous ceux qui les ont promus[111] .»

Jusqu'alors, les modèles de programmes de développement appliqués en Afrique à l'aveuglette, avec des partenariats désavantageux et des réformes institutionnelles non adéquates, décidés par les bailleurs de fonds, sont essentiellement copiés sur ceux des pays occidentaux incompatibles avec les réalités africaines. Dans ces conditions, les visions stratégiques de développement fixées par de nombreux pays africains aux horizons *2020* et *2035* sont chimériques et relèvent d'un futur impossible.

Les nombreuses guerres ethniques, la trahison et l'assassinat des principaux leaders des mouvements anti-impérialistes, la corruption, la raréfaction d'infrastructures, l'insuffisance d'une idéologie fédératrice, l'immobilité du système éducatif, la corruption, le rejet des traditions et spiritualités locales, l'extraversion culturelle, la servitude volontaire et l'embourgeoisement des élites, sont autant de facteurs qui plombent le décollage tant annoncé et jamais réalisé de l'Afrique.

[111] Jean CHEMINADE, Du franc CFA à l'euro : Joseph Tchuindjang Pouemi, monnaie, servitude et liberté.

A contrario, le Vietnam, qui n'est pas exempt de reproches tant sur le comportement prévaricateur de certaines de ses élites que sur les dérives idéologiques, a su faire son autocritique et capitaliser son authenticité pour réaliser son essor économique au point de se hisser au rang des « tigres asiatiques » et compter parmi les pays développés. Coupé entre le Sud et le Nord et divisé en deux au 17$^{e}$ parallèle nord, le Vietnam est passé en quelques décennies de pays en ruine pauvre et très endetté, plombé par une grande famine et dévasté par la guerre, à pays développé. Désormais, le « petit dragon » Vietnam tutoie le « grand dragon » Chine. Ce parcours élogieux ne peut laisser indifférent. Il doit inspirer les pays africains autrefois tiers-mondistes placés au même point de départ et d'égalité que le Vietnam.

L'histoire, l'humilité, l'expérience, la faune, la flore, les gens, les usages, les mœurs, les techniques, les rites et les résultats positifs des programmes de développement font du Vietnam, pays du Sud, un modèle de choix, un laboratoire vivant qui doit inspirer l'Afrique tel que préconisé par *l'Agenda 2063*. Soyons clairs, *inspirer* comme on l'entend n'est pas *copier* et reproduire à l'identique comme le faisaient jadis les moine copistes mais *adapter*, *africaniser* et *tropicaliser* selon les réalités et contingences propres à chaque pays africain.

Dans ce processus de réinvention de l'Afrique, le vietafricanisme entend jouer un rôle majeur en se positionnant comme laboratoire d'idées et courroie de transmission entre les deux bords. La réflexion est ainsi ouverte et il est à espérer que les politiques s'en saisiront pour un nouveau et vrai départ de l'Afrique, inspiré sur le modèle du Vietnam. Enfin, comme le souhaitait Frantz Fanon, *chaque génération doit, dans une relative opacité, découvrir sa mission, l'accomplir ou la trahir*. Celle de la jeune génération africaine et vietnamienne est de faire de la coopération vietnamo-africaine l'outil de *transformation du XXIème siècle* et des siècles à venir.

Vive l'Afrique ! Vive le Vietnam ! Vive le Vietafricanisme !

# Bibliographie


- Le Vietnam dans l'histoire des Relations internationales depuis 1975.
- Samaan Boutros FARAJALLAH - Le groupe afro-asiatique dans le cadre des Nations-unies. (Université de Genève, Institut universitaire de hautes études internationales. Thèse. Science politique. 1963), p.1200, Gerbet Pierre.
- Program for International Student Assessment en français : Programme international pour le suivi des acquis des élèves est un ensemble d'études menées tous les 3 ans par l'OCDE pour mesurer les performances du système éducatif au sein des pays développés.
- Horace CAMPBELL : titre du discours prononcé le 6 janvier 2011 à Lagos au Nigéria lors du 3ième Forum annuel des chambres de commerce Nigéria-Vietnam sous le titre originel « Africa and Vietnam in a Changed World Economy: Building Relations for the Transformation in the 21st Century ».
- Le journal égyptien Sawt al Oumma du 21 mars 1948.
- Ngoc HUU, *A la découverte de la culture vietnamienne ;* p.653.
- *Agenda 2063 : L'Afrique que nous voulons*, Document cadre de l'Union africaine, 2015, p.22.
- Saaf ABDALLAH, *Histoire d'Anh Ma*, L'Harmattan, Paris, 1996.
- Paul BIYA, *Pour le Libéralisme Communautaire*, Favre, P.125.
- Liste des formations françaises délocalisées au Vietnam
- L'atlas des religions, p.20.
- Livre de la Genèse 9, 18-29.
- Livre de Matthieu 19, 23-24.
- Françoise DUMAS-CHAMPION, Le mort circoncis. Le culte des crânes dans les populations de la Haute Bénoué (Cameroun / Nigeria), p.33.

- Jacques DOYON, *Les Soldats blancs d'Hô Chi Minh*, Fayard, 1973.
- Joseph TCHUINDJANG POUEMI, *Monnaie, servitude, liberté : la répression monétaire en Afrique* (1980).
- Kako NUBUKPO & autres, *Sortir l'Afrique de la servitude monétaire*, Ed. La Dispute, 2016.
- Hughes TERTRAIS, Le Piastre et le fusil, Decutre, 2002, p.26.
- Adila BENNEDJAÏ-ZOU, Joseph CONFAVREUX, *Passés à l'ennemi. Des Rangs de l'armée française aux maquis Viêt-Minh* 1945-1954, Tallandier.
- A LARCHER-GOSCHA., *Du Football au Vietnam (1905-1949) : colonialisme, culture sportive et sociabilités en jeux, In Outre-mers,* Année 2009/Volume 96/Numéro 364, p.71.
- Tidiane N'DIAYE, *Le génocide voilé, enquête historique*, (Collection poche-folio), Gallimard, 2017, p.10
- Pierre BROCHEUX, *Ho Chi Minh, du révolutionnaire à l'icône,* Payot, 2003, 333 p., p.32.
- Pierre BROCHEUX, *Histoire du Vietnam contemporain*, 2011, Fayard, p.243.
- Pierre JOURNOUD, interview accordée au *Figaro* du 06/09/2016.
- Tiphaine LEBLANC, *Vietnam : un voyage écolo et éthique*, Editions Viatao.
- [1] Emmanuel MACRON, président français, discours de Ouagadougou, Burkina-Faso, le 28 novembre 2017.
-

# Webographie


- http://fr.dangcongsan.vn/sciences-education/la-vietnamologie-devient-une-discipline-internationale-224377.html
- http://www.mondialisation.ca/les-colonies-avant-go-t-du-paradis-ou-arri-re-go-t-d-enfer/18107?print=1
- http://www.milkipress.fr/2016-02-05-guerre-du-vietnam---chiffres-massacres-et-temoignages.html
- http://www.francetvinfo.fr/monde/asie/vietnam-six-personnes-meurent-dans-l-explosion-d-une-bombe-americaine-datant-de-la-guerre_2332287.html
- http://www.mondialisation.ca/les-colonies-avant-go-t-du-paradis-ou-arri-re-go-t-d-enfer/18107?print=1
- Joan TILOUINE et Ghalia KADIRI, *A Addis-Abeba, le siège de l'Union africaine espionné par Pékin*, *Le Monde*, [en ligne] https://www.lemonde.fr/afrique/article/2018/01/26/a-addis-abeba-le-siege-de-l-union-africaine-espionne-par-les-chinois_5247521_3212.html
- http://www.huefestival.com/index.php?cat_id=582&id=3126#.VpPlGBXhCM8
- http://vovworld.vn/fr-CH/Magazine-Dimanche/Musbaba-et-le-projet-MaliVietnam-Fusion/231985.vov
- http://extension.ait.ac.th/page/dr-roland-amoussou-guenou
- http://www.asiafrica.org/about/
- http://fr.vietnamplus.vn/elargissement-de-la-cooperation-multidisciplinaire-avec-les-pays-dasieafrique/62309.vnp
- http://www.mofa.gov.vn/en/cn_vakv/
- http://anom.archivesnationales.culture.gouv.fr/ark:/61561/ph999nlnn
- http://www.contretemps.eu/interventions/paria-parti-communiste-fran%C3%A7ais-travailleurs-immigr%C3%A9s-lanti-imp%C3%A9rialisme-1920-24
- http://www.mondialisation.ca/les-colonies-avant-go-t-du-paradis-ou-arri-re-go-t-d-enfer/18107?print=1

- www.webguinee.net/bibliotheque/histoire/andre-lewin/sekou-toure-president/volume-3/chapitre37.html
- http://www.algerie.vn/relation/archives.html
- http://lecourrier.vn/affermir-les-relations-de-coopeacuteration-vietnam-maroc-de-longue-date/22900.html
- http://lecourrier.vn/affermir-les-relations-de-coopeacuteration-vietnam-maroc-de-longue-date/22900.html
- http://indigenes-republique.fr/appel-de-abdelkrim-khattibi-heros-marocain-de-la-lutte-anticoloniale/
- http://etoilerouge.chez-alice.fr/docrevinter2/cameroun2.pdf
- http://fr.sputniknews.com/french.ruvr.ru/news/2015_01_20/Vietnam-huit-trafiquants-de-drogue-condamnes-a-mort-8500/
- http://dailypost.ng/2013/03/19/26-nigerians-are-languishing-in-vietnam-prisons-ambassador-okafor/
- http://www.peinedemort.org/document.php?choix=7944
- http://www.talkvietnam.com/2015/08/vietnam-court-overturns-death-penalty-for-nigerian-drug-mule/
- http://www.pambazuka.org/fr/governance/vietnam-afrique-ce-qu%E2%80%99-peut-apprendre-les-uns-des-autres
- http://blog.vietnam-aujourdhui.info/post/2008/11/20/Le-Vietnam-rappelle-une-diplomate-de-son-ambassade-en-Afrique-du-Sud
- http://nuvietnam.blogspot.fr/
- http://www.solomonbamidele.com/
- http://www.vietrade.gov.vn/en/index.php?option=com_content&view=article&id=2380:africa-potential-market-for-both-vietnams-export-and-import&catid=20:news&Itemid=287
- http://jacquescheminade.fr/Du-franc-CFA-a-l-euro-Joseph-Tchundjang-Pouemi-monnaie-servitude-et_00889
- http://saigon-vietnam.fr/saigon_fr3.php
- http://books.openedition.org/igpde/3322?lang=fr
- http://www.lemonde.fr/les-decodeurs/article/2017/02/22/confusions-autour-d-un-impot-colonial-et-du-franc-cfa_5083833_4355770.html

- http://www.lemonde.fr/afrique/article/2015/07/08/le-franc-cfa-freine-le-developpement-de-l-afrique_4675137_3212.html
- Sophie CERBELLE, « L'enseignement supérieur au Vietnam : les enjeux d'une réforme inspirée des orientations occidentales », *Cahiers de la recherche sur l'éducation et les savoirs* [En ligne], 15 | 2016, mis en ligne le 10 mai 2016, consulté le 1er décembre 2017. URL : http://cres.revues.org/2968.
- Ly PHAM, « Vietnam : une transformation rapide de l'enseignement supérieur », Revue internationale d'éducation de Sèvres [En ligne], 07 | 2015, mis en ligne le 18 janvier 2017, consulté le 1er décembre 2017. URL : http://ries.revues.org/4471 ; DOI : 10.4000/ries.4471.
- https://www.legrandsoir.info/Le-franc-CFA-une-monnaie-coloniale-qui-retarde-l-Afrique.html
- https://cotedivoireinfo.wordpress.com/2013/06/10/le-focntionnement-du-franc-cfa-larme-monetaire-de-la-france-contre-lafrique-freegbagbo-hollande-rfi-syrie/ (vu le 29/088/2017)
- http://lecourrier.vn/deux-banques-vietnamiennes-parmi-les-500-premieres-marques-bancaires-mondiales/164836.html
- http://www.jeuneafrique.com/165089/politique/cedeao-cemac-sadc-quels-sont-les-points-forts-et-les-faiblesses-des-organisations-africaines/
- http://lecourrier.vn/ouverture-de-la-premiere-ligne-directe-nairobi-hanoi/166328.html
- http://airinfo.org/2015/01/28/kenya-airways-ouvre-en-dreamliner-la-premiere-ligne-entre-lafrique-et-le-vietnam/
- http://chuekouvalentin.over-blog.com/article-cooperation-economique-cameroun-vietnam-ses-avantages-113431673.html
- http://chuekouvalentin.over-blog.com/article-viettel-a-l-epreuve-du-cybersquatting-made-in-cameroon-118963255.html.

- Bertrand BOUTIER, *Vers une liberté religieuse au Vietnam, peut-on y croire ?*, 2014 [en ligne], http://redtac.org/asiedusudest/2014/12/01/vers-une-liberte-religieuse-au-vietnam-peut-on-y-croire/, (consulté le 19/06/2018).
- http://www.slate.fr/story/19101/lafrique-et-ses-guerres-qui-nen-finissent-pas
- http://vovworld.vn/fr-ch/Les-54-ethnies-en-couleur/Les-Kinh-lethnie-majoritaire-au-Vietnam/146397.vov
- http://www.ambafrance-vn.org/Poles-Universitaires-Francais-et
- http://elisabeth-carrio.com/la-spiritualite-un-facteur-de-developpement-economique/
- Francis GEUS, Jean POLET, Jean DEVISSE, Louis PERROIS, « AFRIQUE NOIRE (Arts)-Histoire et traditions », *Encyclopædia Universalis* [en ligne], consulté le 21/10/2017. URL : http://www.universalis.fr/encyclopedie/afrique-noire-arts-histoire-et-traditions/
- https://www.amica-travel.com/vietnam-le-guide-culturel/religions-croyances-vietnamiennes
- http://french.news.cn/afrique/2010-07/07/c_13386981.htm
- http://www.anai-as-so.org/NET/document/le_temps_de_la_guerre/la_guerre_dindochine/forces_francaises_en_extreme_orient/index.htm
- https://www.lecourrier.vn/la-vietnamologie-devient-une-discipline-internationale/112949.html
- http://www.yabiladi.com/articles/details/23149/years-solitude-l-histoire-marocains-vietnam.html
- https://www.amica-travel.com/vietnam-le-guide-culturel/la-culture/noms-prenoms-vietnamiens
- https://fr.wikipedia.org/wiki/Pi%C3%A9t%C3%A9_filiale
- http://vovinam-vietvodao.com/fr/news-actus/44-actus/infos-vovinam-afrique/788-prochain-4e-championnat-du-monde-de-vovinam-en-algerie.html
- https://en.wikipedia.org/wiki/List_of_Vietnam_footballers_born_outside_Vietnam

- http://www.un.org/africarenewal/fr/magazine/mai-2013/le-cin%C3%A9ma-nig%C3%A9rian-une-mine-d%E2%80%99or-potentielle
- http://lecourrier.vn/vietnam-nouvelle-terre-daccueil-pour-
- les-etudiants-internationaux/210168.html.
- http://chamstudies.free.fr/ChamsBani.pdf

# Vidéographie


- EL YOUNOUSSI, Sana (réalisatrice) *40 Years of Solitude*, [Al Jazeera-English] (21/11/2013) Disponible sur https://www.dailymotion.com/video/x1b8g0i (consulté le 15 juillet 2015).
- GRAVON, Laurence (réalisatrice). *Si loin du Vietnam* (2016).
- KAKO, Nubukpo interview donnée sur TV5, extrait du programme 64', le monde en français, 2e partie Grand angle : franc CFA, l'Afrique avec un fil à la patte (13/12/2017) Disponible sur https://www.youtube.com/watch?v=cadLT_EfEpA (vu le 10/07/2016).
- MORA KPAÏ, Idrissou (réalisateur), *Indochine, sur les traces d'une mère* (6/10/2011).
- DE TURENNE, Henri (auteur-commentateur), *Vietnam la perle de l'empire*, [Antenne 2 & Pathé cinéma], (1984).
- DE FEO, Agnès (auteure-réalisatrice), Un Islam insolite [Arte-France], (2006) Disponible sur https://www.youtube.com/watch?v=ea9SytzJtxk (consulté le 09/09/2017).

# Table des matières

L'Afrique

aux éditions L'Harmattan

*Dernières parutions*

**LES CHEMINS DE LA MODERNITÉ EN AFRIQUE**
**Pour changer l'Afrique, changeons de paradigme**
*Do Nascimento José*
Comment comprendre et expliquer la trajectoire post-coloniale des sociétés africaines ? Au-delà des explications doctrinales, idéologiques et surnaturelles, l'observation des faits montre que partout où l'Afrique post-coloniale trébuche, elle trébuche par défaut de modernité. Il faut entendre l'absence d'une organisation sociale basée sur les principes d'anticipation, d'efficience, d'émancipation et de rationalité. Voici un corpus intellectuel nouveau, des grilles de lecture nouvelles permettant de penser d'une manière émancipatrice le continent.
*(45.00 euros, 616 p.)*
*ISBN : 978-2-343-13563-2, ISBN EBOOK : 978-2-14-005271-2*

**LA RELANCE DE L'AFRIQUE**
*Nkunzumwami Emmanuel*
L'Afrique est tantôt perçue avec commisération pour celles et ceux qui en attendaient un décollage économique, avec de réels progrès sociaux et une place de ses pays au milieu des grandes nations, tantôt avec une grande espérance pour celles et ceux qui croient que ses mauvais jours sont derrière nous. Ce livre vise à réconcilier les deux perceptions de l'Afrique, sur la base des analyses objectives et claires. Il présente l'état des lieux sur le continent, et propose des chantiers pour en relancer les économies.
*(Coll. Études africaines, 37.00 euros, 364 p.)*
*ISBN : 978-2-343-13508-3, ISBN EBOOK : 978-2-14-005314-6*

**PATRIMOINE CULTUREL AFRICAIN**
**Matériau pour l'histoire, outil de développement**
*Fouellefak Kana Célestine Colette, Nzesse Ladislas*
*Préface de Denis Bienvenu Nizéséte*
Cet ouvrage vise à accompagner les peuples africains à s'approprier leur histoire et leur culture. Placer le patrimoine africain au cœur de la recherche, c'est poser indubitablement la question de la mémoire et de l'héritage collectif, interroger les valeurs culturelles et impulser les créations artistiques et littéraires. Comment reconstituer l'histoire de l'Afrique à travers son patrimoine culturel ? Comment préserver les traditions culturelles africaines dans un contexte de mondialisation ?
*(Harmattan Cameroun, 39.00 euros, 472 p.)*
*ISBN : 978-2-343-13542-7, ISBN EBOOK : 978-2-14-005312-2*

**DE LA REINE DE SABA À MICHELLE OBAMA**
**Africaines, héroïnes d'hier et d'aujourd'hui**
**À la lumière de l'œuvre de Cheikh Anta Diop**
*LY-TALL Aoua B. - Préface de Serge Bouchard*
Triplement victimes (colonisation/esclavage, idéologies d'infériorisation et domination mâle), de grandes figures féminines africaines restent méconnues. Cet ouvrage, dans la perspective de contribuer à les sortir des décombres de l'Histoire, met en relief leurs personnalités hors pair, leurs pouvoirs spirituel, politique, économique, social, culturel et scientifique, ainsi que leurs influences sur le cours de l'histoire de leurs sociétés, et même, sur celui du monde.
*(Harmattan Sénégal, 26.00 euros, 260 p.)*
*ISBN : 978-2-343-11163-6, ISBN EBOOK : 978-2-14-005291-0*

**MOBILITÉ PASTORALE ET DÉVELOPPEMENT AU SAHEL**
*Gaye Ibrahima Diop - Pôle Pastoralisme et Zone Sèches*
*Préface d'Aminata Mbengue Ndiaye*
Le Sahel, espace géomorphologique en marge du désert saharien, reste encore très largement le domaine du pastoralisme. Mais il demeure encore banalement et économiquement marginalisé et sous le poids de déficits remarquables : de l'aménagement du territoire aux services publics, et à l'éducation. Que réservent à la mobilité des pasteurs et de leurs animaux les courants actuels de recomposition territoriale et de régionalisme politico-administratif ? Et que nous réserve la souplesse adaptative traditionnelle des pasteurs ?
*(Harmattan Sénégal, 26.00 euros, 250 p.)*
*ISBN : 978-2-343-13610-3, ISBN EBOOK : 978-2-14-005277-4*

**LA SOCIÉTÉ SONINKÉ**
**Hier, aujourd'hui et demain**
*Cheikh Bouye Diallo Djibril*
Cet essai a l'ambition de contribuer à faire connaître la société soninké, sa culture, ses valeurs, son organisation, mais aussi les problèmes, les tensions et les difficultés qu'elle connaît. Il procède à une analyse critique de certaines caractéristiques sociologiques et mentales de cette communauté millénaire.
*(Coll. Études africaines, 20.50 euros, 200 p.)*
*ISBN : 978-2-343-13262-4, ISBN EBOOK : 978-2-14-005310-8*

**L'ÉMERGENCE ÉCONOMIQUE DANS LES PAYS DE L'AFRIQUE SUBSAHARIENNE**
**Comment y parvenir ?**
*N'Gakosso Antoine*
Plusieurs pays de l'Afrique subsaharienne ont décrété l'atteinte de leur émergence économique à un horizon précis. Or l'émergence ne se décrète pas - c'est un processus qui se construit. Quelle marche un pays candidat à l'émergence se doit-il de suivre ? Pour y parvenir, le pays devra d'abord être pré-émergent, statut dont le livre met en exergue les critères. Une grille d'évaluation y est également proposée.
*(Coll. Études africaines, 14.50 euros, 130 p.)*
*ISBN : 978-2-343-12737-8, ISBN EBOOK : 978-2-14-004975-0*

**TU SERAS DOCTEUR.E MON ENFANT !**
**Expériences et postures de recherche des thésards africains**
**African PhD Student's Experience and Resarch Perspectives**
*Sous la direction de Kojoue Larissa*
L'économie mondiale du savoir auquel l'Afrique devrait contribuer passe nécessairement par le renforcement de la formation doctorale et le soutien à la recherche. Les étudiants africains s'engagent la plupart du temps dans une thèse sans repères, sans date butoir, sans bibliothèque, sans financements, sans ordinateurs, sans un encadrement effectif et surtout sans autres moyens que la volonté d'y arriver. Concrètement, comment rédige-t-on une thèse de doctorat en Afrique aujourd'hui ? Comment devient-on docteur(e) en sciences sociales à Yaoundé, à Ouagadougou, à Dakar ?
*(Coll. Études africaines, 29.00 euros, 278 p.)*
*ISBN : 978-2-343-12964-8, ISBN EBOOK : 978-2-14-005367-2*

**LA DÉCOLONISATION ÉCONOMIQUE DE L'AFRIQUE NOIRE FRANÇAISE**
**Par l'émergence des entreprises nationales et compétitives**
*Nouafo Joubert*
Plus d'un demi-siècle après avoir conquis leurs indépendances, les habitants des États de l'Afrique noire française croupissent toujours dans la pauvreté et la misère. Cette situation résulte du fait que l'ancienne métropole, en leur délaissant le champ politique, a conservé le pouvoir économique grâce à des artifices savants qu'elle a mis en place. Certains pères de l'indépendance avaient compris, avec lucidité, que sans indépendance économique, l'indépendance politique n'est qu'un vain mot.
*(Coll. Études africaines, 27.00 euros, 270 p.)*
*ISBN : 978-2-343-13171-9, ISBN EBOOK : 978-2-14-005206-4*

**DE LA DIALECTIQUE DÉMOCRATIE / DÉVELOPPEMENT EN AFRIQUE**
**Contribution au forum de Delphes**
*Tété-Adjalogo Têtêvi Godwin - Préface de Bemba B. Nabouréma*
S'il est exact que «sans théorie révolutionnaire, pas de mouvement révolutionnaire», il est également vrai que cette théorie doit être périodiquement revisitée, reformulée d'une autre façon, sous d'autres angles, avec d'autres termes. C'est dans cet esprit que l'auteur a choisi d'écrire le présent ouvrage - enrichi par les travaux d'un forum tenu à Delphes en 1994 - dans l'espoir que ce pensum trouvera son utilité chez la jeunesse africaine, à la recherche de sa voie...
*(15.50 euros, 144 p.)*
*ISBN : 978-2-343-13247-1, ISBN EBOOK : 978-2-14-005064-0*

**LE DÉVELOPPEMENT TOURISTIQUE EN AFRIQUE CENTRALE**
**Une région aux marges du tourisme**
*Ngar-Odjilo Marabé - Préface de Philippe Bachimon*
Cet ouvrage traite du caractère inégal et paradoxal du développement du tourisme perçu, d'une part, comme un véritable instrument de développement par un grand nombre d'institutions internationales. D'autre part, le potentiel

du tourisme est très peu exploré par plusieurs pays africains, notamment ceux de l'Afrique centrale. Le changement de paradigme à travers le choix de la diversification des économies africaines, une urgence pour ces pays, donnera-t-il une place au tourisme ?
*(Coll. Études africaines, 28.00 euros, 280 p.)*
*ISBN : 978-2-343-12741-5, ISBN EBOOK : 978-2-14-005100-5*

**BERGERS DE LUMIÈRE**
**Voyage au pays des Peuls**
*Mariotti Jean-Michel - Préface de Tierno Monénembo*
«On dit que les Peuls sont les Juifs de l'Afrique» (Tierno Monénembo). En se laissant guider par leurs troupeaux jusqu'aux rives du fleuve Niger, les Peuls firent le choix de la liberté. Ils ne revendiquèrent pas une terre promise mais s'intégrèrent dans les pays traversés. En suivant ces étranges «bergers de lumière» au cours de leur longue histoire, le lecteur découvrira un aspect souvent méconnu de leur culture.
*(Sépia, 24.00 euros, 136 p.)*
*ISBN : 979-10-334-0127-8, ISBN EBOOK : 978-2-14-005213-2*

**LES SYSTÈMES DE NUMÉROTATION PARLÉE EN AFRIQUE DE L'OUEST**
**Modes de dénombrement et imaginaire social**
*Kane Abdoulaye Elimane*
Cet ouvrage consacré aux systèmes de numérotation parlée des groupes ouest-atlantique et mande s'inscrit dans la lignée d'une réflexion philosophique sur l'histoire des sciences et techniques. S'intéressant aux systèmes de numérotation parlée dans les langues africaines, il se situe au carrefour de la linguistique africaine, de l'anthropologie, de l'histoire des peuples d'Afrique et de leurs conceptions et usages de l'idée de nombre.
*(Coll. Oralités, 36.00 euros, 358 p.)*
*ISBN : 978-2-343-13246-4, ISBN EBOOK : 978-2-14-004984-2*

**MANUEL DE PHONOLOGIE DES LANGUES BANTOUES DU CONGO**
*Kouarata Guy Noël*
Ce manuel est un outil pédagogique visant à initier les étudiants en linguistique à la phonologie des langues bantoues du Congo. Il traite de l'identification des phonèmes, de leur classement, de leurs traits distinctifs, de leur combinaison et de tous les phénomènes phoniques observés dans la variation des formes dans ces langues. Le livre est constitué de plusieurs leçons, appuyées par 29 exercices pratiques permettant aux apprenants de s'exercer le plus possible.
*(Coll. Études africaines, 12.00 euros, 86 p.)*
*ISBN : 978-2-343-09690-2, ISBN EBOOK : 978-2-14-005010-7*

## Structures éditoriales du groupe L'Harmattan

**L'Harmattan Italie**
Via degli Artisti, 15
10124 Torino
harmattan.italia@gmail.com

**L'Harmattan Hongrie**
Kossuth l. u. 14-16.
1053 Budapest
harmattan@harmattan.hu

---

**L'Harmattan Sénégal**
10 VDN en face Mermoz
BP 45034 Dakar-Fann
senharmattan@gmail.com

**L'Harmattan Cameroun**
TSINGA/FECAFOOT
BP 11486 Yaoundé
inkoukam@gmail.com

**L'Harmattan Burkina Faso**
Achille Somé – tengnule@hotmail.fr

**L'Harmattan Guinée**
Almamya, rue KA 028 OKB Agency
BP 3470 Conakry
harmattanguinee@yahoo.fr

**L'Harmattan RDC**
185, avenue Nyangwe
Commune de Lingwala – Kinshasa
matangilamusadila@yahoo.fr

**L'Harmattan Congo**
67, boulevard Denis-Sassou-N'Guesso
BP 2874 Brazzaville
harmattan.congo@yahoo.fr

**L'Harmattan Mali**
Sirakoro-Meguetana V31
Bamako
syllaka@yahoo.fr

**L'Harmattan Togo**
Djidjole – Lomé
Maison Amela
face EPP BATOME
ddamela@aol.com

**L'Harmattan Côte d'Ivoire**
Résidence Karl – Cité des Arts
Abidjan-Cocody
03 BP 1588 Abidjan
espace_harmattan.ci@hotmail.fr

**L'Harmattan Algérie**
22, rue Moulay-Mohamed
31000 Oran
info2@harmattan-algerie.com

**L'Harmattan Maroc**
5, rue Ferrane-Kouicha, Talaâ-Elkbira
Chrableyine, Fès-Médine
30000 Fès
harmattan.maroc@gmail.com

---

## Nos librairies en France

**Librairie internationale**
16, rue des Écoles – 75005 Paris
librairie.internationale@harmattan.fr
01 40 46 79 11
www.librairieharmattan.com

**Librairie l'Espace Harmattan**
21 bis, rue des Écoles – 75005 Paris
librairie.espace@harmattan.fr
01 43 29 49 42

**Lib. sciences humaines & histoire**
21, rue des Écoles – 75005 Paris
librairie.sh@harmattan.fr
01 46 34 13 71
www.librairieharmattansh.com

**Lib. Méditerranée & Moyen-Orient**
7, rue des Carmes – 75005 Paris
librairie.mediterranee@harmattan.fr
01 43 29 71 15

**Librairie Le Lucernaire**
53, rue Notre-Dame-des-Champs – 75006 Paris
librairie@lucernaire.fr
01 42 22 67 13

www.ingramcontent.com/pod-product-compliance
Lightning Source LLC
LaVergne TN
LVHW010943061026
849535LV00007B/2552